Colorín colorado...
la princesa ha despertado

Colorín colorado... la princesa ha despertado.
D.R. © 2021 | **Alma Delia Cárdenas Salazar**

Primera edición, 2021
Edición: Rocío Aceves | Marcos Reynoso Flores | Editorial Shanti Nilaya®
Diseño de Interiores: Carlos A. Rodríguez | Editorial Shanti Nilaya®
Portada: Carlos A. Rodríguez | Editorial Shanti Nilaya®
Ilustraciones interiores: Alex Martínez

ISBN | 978-1-7371736-2-5

La reproducción total o parcial de este libro, en cualquier forma que sea, por cualquier medio, sea éste electrónico, químico, mecánico, óptico, de grabación o fotocopia, no autorizada por los titulares del copyright, viola derechos reservados. Cualquier utilización debe ser previamente solicitada.

shantinilaya.life/editorial

ALMA DELIA CÁRDENAS

Colorín colorado...
la princesa ha despertado

DEDICATORIA

Dedico estas líneas a
los tres grandes amores de mi vida:
Juanpa, Leo y Luca,
que han venido a despertar,
con el más dulce beso
de amor verdadero,
a esta princesa que estaba dormida.

A mis amorosos padres Alma Delia Salazar
y Carlos Cárdenas, por haber creado este
mundo lleno de magia para soñar despierta.

Y a mi hermana Karla Cárdenas, por ser la más
divertida compañía en esta aventura.

ÍNDICE

Prólogo 11
Introducción 14
Mary Poppins, la entrevista 17
El principio del fin del mundo mágico 21
Santa Claus 29
El hada que encontró sus alas 36
El Conejo blanco 39
Recompensas 47
Alicia en el país de las maravillas 57
Cenicienta 61
La Amazona 75
Mulán 83
Hospital 90
Mika 99
Las dos mujeres 110
El doctor 117
La caída de Alicia 123
   a. Laboral 124
   b. Económico 127
Tocando fondo 139
Sé el autor de tu propio cuento de hadas 143
Recuperar tu reflejo 151
Radio Maléfica 159
La Abuela sauce 171
Mujer empoderada 181
Primer intento 189
El lenguaje del amor 203
Autorretrato 217

PRÓLOGO

La infancia de nuestra memoria es el lugar al que recurrimos, para bien o para mal, con tal de aprender, desaprender y reaprender.

La historia de vida que nos cuenta la escritora Alma Cárdenas inicia a partir de allí, de sus años cobijada por los cuentos de hadas de todos los tiempos y las historias recientes con las que, bajo el título de literatura infantil, los adultos reflexionamos la condición humana.

Nuestra escritora ha descubierto que su enorme fuerza vital se encuentra en esos primeros años al lado de Mary Poppins, de Alicia, de Peter Pan y más personajes que recuerda a la perfección gracias a su impresionante memoria.

Pero es Alicia, del País de las Maravillas, con quien Alma se toma de la mano para hacer un recorrido memorioso, no de poco llanto, sí de mucho esfuerzo por llenar los roles que escogemos o que a veces nos imponen: buena hija, buena hermana, buena alumna, buena..., pero que fueron de gran impulso para la autora.

Así llega victoriosa a convertirse en mujer adulta, madre de dos hijos, Leo y Luca, al lado de su inseparable Juanpa. Va por el mundo con agenda. Y me dicen, quienes laboran a su lado, que es excelente coach y líder empresarial. Yo les afirmo que es una escritora sumamente original, propositiva, pues quiere que sus lectores se lleven su historia personal, pero también varios consejos que comparte después de largos meses de escribir su autobiografía: ***Colorín colorado, la princesa ha despertado.***

Las vueltas de tuerca, a las que ninguno de nosotros estamos exentos, hicieron su aparición en la vida de Alma al convertirse en madre por primera vez: Leo, su primogénito, un ángel de inteligencia más que sobresaliente, observa el mundo bajo el auspicio del autismo.

Y entonces aparecieron el dolor y el llanto. El mundo de nuestra escritora se descuadró por unos momentos, porque la culpa, esa presencia que nadie invitó a la mesa, la condujo hacia un agujero poco claro, poco delimitado. De pronto, un conejo blanco al que Alma no dudó en seguir, y, sin pensarlo dos veces, ella entró al agujero difuso, con la reina culpa haciendo de las suyas y un gato burlón que parecía decirle: "No lo lograrás". Pero Alma siguió y siguió sorteando torpedos propios y ajenos en la búsqueda de un camino más blando y amoroso para salir del agujero y, como Alicia, encontrar el camino a casa, a las infinitas posibilidades de la realidad. La princesa había despertado.

Este regalo que tienen en sus manos es la historia de un gigantesco corazón de oro, que Alma trata infructuosamente de cubrir; quienes la conocemos, la leemos y la queremos sabemos que ese empeño es tan solo una gasita transparente, fácilmente despojable, para llegar al fondo de su alma.

Rocío Aceves

INTRODUCCIÓN

Escribo porque, en un mundo de tanta realidad, escribir ha sido el portal que me ha llevado de regreso a casa, a ese lugar lleno de magia, donde todo es posible, donde recuerdo quién soy y donde conecto con que todo esto es un sueño del cual algún día despertaré para encontrarme con los seres llenos de luz y amor que me acompañaron en esta aventura.

Escribo porque me permite repasar mis pasos, leer mis pensamientos y aprender de mis andanzas al plasmarlos en el papel. Escribir me ha permitido rendirle tributo a la mujer que fui y abrirle paso a la mujer en la que me convertiré.

Escribo porque me ha enseñado a conocerme, a amar a esa niña mágica, deseosa de salir a jugar. Escribir me permite quitarme la botarga de adulto para abrirle paso a mis más sinceras emociones, donde existe el espacio perfecto para experimentar y trazar tanto el miedo y el enojo como el amor, la alegría..., todas las emociones, porque todas son bienvenidas a ser expresadas, aunque sea por unas líneas, aunque sea por unos minutos, porque todo eso forma parte de mí, de la escritora de mi propio cuento de fantasía.

Por último, escribo para invitar a todas las mujeres, a todas las princesas en traje de adultas, a despertar y recordar que somos protagonistas de la mejor historia que nuestras plumas puedan imaginar para nosotras, porque deseo, con todo mi amor, que alguna de mis experiencias motive a alguien más a revisitar su camino y disfrutar la experiencia de ser protagonista del cuento que decida escribir.

MARY POPPINS, LA ENTREVISTA

En un año tan atípico como el 2020, cuando el cambio de reglas del juego y el desacelere de la vida nos dio la oportunidad para explorar nuevas cosas, decidí inscribirme en un taller de autobiografía, sin siquiera imaginar el hermoso recorrido, en encuentro conmigo misma, que iba a tener.

Siempre he sido una persona que, aunque por fuera me ha gustado dar un aire de solemnidad y madurez, tengo un mundo personal e íntimo lleno de magia y cuentos, que solo compartía con mis seres más cercanos. Y con la posibilidad de abrirlo al mundo fue que ese taller me pareció una gran oportunidad.

Sin embargo, debo confesar que fue más complicado de lo que creí, porque, en el intento de extender algunas ventanas, muchas puertas se abrieron de par en par para ser escuchadas por la mujer adulta que soy.

En una de las primeras clases, mi maestra Rocío me lanzó una pregunta, más mordaz que detective de los años cincuenta, después de una discusión al respecto de mi descripción de Mary Poppins, a quien yo, sin lugar a dudas, recordaba como una mujer perfecta, rígida, estructurada, que llegaba a poner orden al caos de la casa de la familia Banks. Tanto mi maestra como mis compañeras se quedaron boquiabiertas cuestionando a qué me refería. Yo solo escuchaba sus frases: "Mary Poppins era una nana mágica, Alma, pero ¿de qué estás hablando?, si es una película llena de magia, hasta el perico del paraguas habla; ella puede volar, le regresó la magia a esa familia".

¡Dios de mi vida!, era cierto. Además, esa había sido mi película favorita cuando era niña. ¿En qué momento olvidé esa parte de la historia?, ¿por qué borré de mi mente el tema? Así que mi maestra me asignó la tarea responder, para mí misma, lo siguiente: ¿en dónde quedó la magia?

Pasé días dándole vueltas a la pregunta en mi cabeza... Cuando una voz con acento inglés, con un tono de ironía, se escuchó de fondo en mi cabeza y con un poco de humor negro, refutaba: "¿Prácticamente perfecta?, ¿de qué estás hablando?". Un poco extrañada por escuchar ese acento tan familiar para mí, pensé: "¿Mary Poppins?, ¿de verdad?". Sí, era ella, y yo creí que ya había enloquecido. ¿O era simplemente que teníamos una conversación pendiente?

Dejémonos llevar:

—Hola, Mary, ¿qué te trae por aquí?

—En realidad es que me he quedado muy sorprendida por el recuerdo que decidiste dejar como estandarte en nuestra relación. ¿Cómo fue que pasé de ser tu heroína favorita de infancia a la figura que hoy culpas de ser perfecta, calculadora y capaz de tener todo bajo control sin que se me despeinara un solo cabello?

—A decir verdad, sí lo hacías parecer muy fácil. ¿Qué es eso de que, al medirte, la cinta métrica dijera: "Mary Poppins, prácticamente perfecta"?

—Sí, soy prácticamente perfecta porque soy como soy y no intento medirme o compararme con nadie más. Soy perfecta siendo yo: mido lo que tengo que medir y hago lo que disfruto hacer. Por eso canto en cada labor. Si no lo disfruto, entonces... ¿para qué lo hago? Y por si ya no lo recuerdas: "Con un poco de azúcar esa píldora sabrá mejor".

—¡Por Dios, Mary, intento tener una conversación seria contigo!

—Pues es que, en serio, Alma, el azúcar es ponerle un poco de perspectiva a lo que está pasando, ¿no? Si te toca tomar la medicina, ¿por qué no aceptarla desde el lado más amable? De cualquier manera, lo que va a pasar, va a pasar. Pues mejor pongámosle azúcar, ¿no?

—Bueno, sí pero ¡despierta!, que no se puede ir por la vida como porrista sin sentido decorando con moños color de rosa todo lo que pasa.

—¿Y por qué no? No se puede endulzar con una canción, pero ¿sí es válido ir de malas y mentando madres? ¿O cómo?

—Mmm... Bueno, ahora que lo pones así será que tienes algo de razón, ¿no? Igual y tu idea puede estar mucho mejor.

—¿Pero qué ha pasado con esa niña con la que canté mis canciones más de diez veces al día? ¿Recuerdas cómo convertías el barandal de la escalera en el más intrépido tobogán? Estabas convencida de que la pintura más colorida podría abrir un portal a un mundo mágico, donde cualquier cosa podría pasar: caballos de carrusel galopando libremente sin ataduras, pingüinos bailando y sirviendo *pay de limón*.

—Bueno, pues la verdad, es que no me hubiera caído nada mal un poco de magia hace algunos años, cuando las cosas se complicaron en mi vida adulta.

Creo que simplemente lo fui olvidando con el tiempo, cuando preferí guardar a esa niña mágica solo para mí, en un lugar donde no pudieran hacerle daño; porque, seamos honestos, a veces un parque de diversiones puede convertirse en un juego de ajedrez: si no te pones trucha, pueden comerte viva. Y ese tipo de tablero no deja mucho espacio para la magia, ¿no crees?

Tal vez con el pasar de los años empiezas a toparte con más realidad que magia y con una gran expectativa de en lo que deberías convertirte o cómo las cosas deberían de pasar. A veces esos zapatos son imposibles de llenar.

—¿Y cómo fue que pasó?

—Creo que se fue perdiendo la magia día a día. Es que cada vez se sumaban más cosas a la lista: ser inteligente, disciplinada, el primer lugar en todo, deportista, buena amiga, fiel y consejera, estar de buenas y… Pobre de mí si un día me enojaba, eso no era bien visto. Así comienza una carrera de actividades y *check lists* que cumplir, donde poco a poco se pierde el tiempo de la espontaneidad. Se trataba de ganar, conquistar y vencer.

—Entonces vale la pena preguntar: ¿y la magia?, ¿dónde quedó?

Ven conmigo, donde los sueños nacen, donde el tiempo no está planificado. Piensa en cosas felices y tu corazón volará con alas para siempre.

Peter Pan

EL PRINCIPIO DEL FIN DEL MUNDO MÁGICO

Era un día común de verano: el calor de mediodía te invita a tomar una buena siesta después de comer o descansar un poco viendo televisión en la camona de tus padres, actividades comunes en una ciudad pequeña como lo era Tepic en los años noventa. En ese momento, la ciudad parece callar con una larga pausa. Recuerdo cómo se solía detener el tiempo y tomar un respiro de las ajetreadas actividades cotidianas. Todo parecía tener cierta paz, como si nada más importara, a excepción de un gran deseo que gritaba más allá de mi mente, venía de mi corazón.

No había mejor época para mí cuando era niña que cuando se acercaba la fecha de mi cumpleaños. ¡Claro!, ese día podía pedir lo que fuera, ser lo que fuera, la princesa que Disney hubiera puesto de moda en ese año. Y aunque no había tantas cosas como las que existen hoy, sin duda, por lo menos manteles y pastel adornarían el festejo.

Recuerdo que en ese entonces era una niña inocente y pizpireta con unos cachetes pellizcables, ojos grandes y una panza un poco redondeada. Siempre fui mucho más

Colorín colorado... la princesa ha despertado

corpulenta que mi hermana, por lo que desde que nací me había ganado el apodo familiar de Bebo, por *bebota*.

Cuenta mi mamá que, cuando nací, yo era una bolita de carne tan blanca que podía confundirme con el color de las sábanas, tono que hasta la fecha me caracteriza y acompaña, aunque, he de confesar, pasé muchos años en mi adolescencia intentando broncearme; el único resultado fue acabar con un color de piel rojo camarón, con la sombra de la palmera marcada en el muslo y, a veces, con un par de ampollas en compañía de una expresión de los demás de "Ouch, ¿te arde mucho la piel?, se ve algo doloroso". De hecho, la última vez que me ardí de un modo catastrófico, conocí a mi esposo. Pero eso lo contaré más adelante.

Bueno, regresando a la niña de casi nueve años que era, nada me hacía más ilusión que poder sentirme por unos momentos esa princesa, como en años anteriores. ¿Qué tal ser tan intrépida como la Sirenita, quien no tenía miedo de explorar lo inexplorable, como un mundo completamente diferente al suyo, aunque eso implicaba renunciar a todo lo conocido, o tan lista como Bella, que era capaz de viajar en su imaginación con tan solo leer unas líneas de sus amados libros? Incluso recuerdo que mi cuarto estaba decorado en su honor: edredones de *La Bella y la Bestia* y un tapiz de enormes rosas, que, por cierto, eran la carrilla implacable de mi hermana mayor, quien siempre me decía que era un tanto cursi y pecaba de exagerada en mi mundo color rosa. A mí, honestamente, me importaba un pepino; yo, mientras más canciones, flores y collares me pudiera colgar, mejor.

Tengo en mente que, en una ocasión, mi papá regresó de viaje de trabajo y trajo con él una gran cantidad de películas de Disney en VHS, así como una rebobinadora en forma de coche que se abría por el cofre, tarea más que practicada por mí antes de regresar las películas rentadas en MacroVideocentro.

En fin, siento con gran emoción cómo podía entonces, con ese gran regalo, ver cuantas veces quisiera las películas que mi papá había traído para nosotras, puesto que el cable era un sueño guajiro para nuestra hermosa capital nayarita en ese tiempo. Es decir, ya tenía el poder de verlas una y otra vez a mi antojo.

Como resultado, en poco tiempo memoricé todas las películas. Me encantaba recitar cada diálogo de tan increíble colección de aventuras. Debo confesar que aún sorprendo a mi hijo mayor cuando vemos alguna película de esas y me escucha cantar y hacer las voces de la caricatura que estamos viendo. Creo que son cosas que quedan tatuadas en el alma, y con el tiempo he descubierto que son mi gran cofre de tesoros interiores, un poco como ese lugar seguro al que me permito regresar cuando la ocasión lo amerita.

Siempre quedé encantada con la posibilidad de ser lo que mi corazón fuera capaz de soñar, sin importar la aventura, así tuviera que correr para lograrlo, solo necesitaba confiar en mí, no rendirme y estar acompañada de alguien que hiciera el camino un tanto chistoso.

Tenía tanto tiempo que no viajaba a través de mis recuerdos a esa época que parecieran de otra vida. Creo que, en cierta forma en algún momento, di carpetazo a ese mundo mágico de la niñez. Muchas veces no logramos dimensionar el poder de las palabras y la inocencia de un niño para interpretarlas en su mundo.

Ahora bien, hace tiempo que he estado dando vueltas y vueltas en mi cabeza para poder recordar en qué momento dejé ese mundo de sueños y juegos… Cuando, como un pensamiento que llega de la nada e invade la mente y se siente ese escalofrío en la espalda, entonces recordé:

Esa tarde de verano, con el calor de mediodía que mencionaba al inicio, mi único deseo era mi esperada fiesta de cumpleaños, así que con gran, gran, gran insistencia le repetía una y otra vez a mi mamá: "¡Mamá, mi fiesta!"; "¡Mamá, para mi fiesta quiero manteles de Jazmín y el pastel de…". Desconozco cuántas veces debí habérselo dicho a mi mamá hasta colmarle el plato.

También pienso que en ese momento los hijos vivimos como en un mundo aparte, y no nos damos cuenta de lo que pudiera estar ocurriendo en el mundo real, ya que como papá buscas cómo proteger el mundo mágico de tus hijos.

Entonces, me veo seguir a mi mamá a la cocina con mi cantaleta de la planeación del gran día, cuando, de repente, ¡pum!, se voltea desesperada, toma su cartera y la voltea en la mesa, dejando caer unas cuantas monedas, con una voz fuerte al puritito tono sinaloense, me grita: "Bebo, ¡necesitas madurar ya!". Me quedé impactada. Son pocos los recuerdos que tengo de haber visto a mi mamá con tal cara de preocupación y desánimo.

Y yo, honestamente asustada, creo que lo tomé muy literal: "¿Cómo? ¿Por qué mi mamá está tan preocupada?, ¿estamos en peligro?". Y otro lado de mi mente decía: "Pues, de preferir, prefiero jugar en la fiesta". Sin embargo, francamente, no me atreví a emitir sonido, no fuera a ser que mi santa progenitora se enojara más.

Hoy, con mucha ternura, puedo ver cómo en un mundo tan frágil como el de un niño se puede quedar grabada una máxima: "De verdad, ¿era cuestión de madurar?, ¿se habría dado cuenta mi madre del impacto de ese día?". Seguramente no, ya que hoy entiendo que como padres intentamos hacer lo mejor que podemos.

Pero para mí fue un parteaguas en mi vida, entonces, si era tiempo de madurar y solo existía esa opción, ¿dónde quedaba el espacio para seguir jugando?, ¿dónde la magia?, ¿dónde los sueños?

Aparentemente todo y nada pasó con esa conversación. Pero, sin duda, algo cambió en el corazón de aquella niña con sueños de princesas.

Con esta memoria, han brincando muchas frases sobre el mismo tema que escuché de niña, al respecto: "Tienes que ser la mejor"; "Las cosas se ganan con esfuerzo"; "Si vas a concursar, es para que ganes el primer lugar y hay que practicar"; "Qué bueno ser bonita, pero eso se acaba, lo que importa es ser inteligente; "El flojo trabaja doble, más vale hacerlo bien a la primera"; Si quieres ser rica, no busques un marido que te dé dinero, hazlo tú"; "Nunca dependas de nadie, para eso aprenderás a trabajar"; "A los hombres, ni todo el amor, ni todo el dinero"; "A descansar y a quejarse al panteón", y un sinfín de frases más de la gran colección familiar.

En ese tenor, no se me olvida el impacto al ver Coco hace un par de años. La caricatura empieza con un niño que ama la música. Pero por algo que nadie entendía, solo repetían: "Sin música, odiamos la música". En esa familia nadie tenía permitido escuchar música ni mucho menos tocar algún instrumento. Hasta que Miguel, el niño protagonista, entiende que su bisabuela fue aparentemente abandonada por su esposo, que era músico, para irse de gira y probar fortuna en el medio. Esa idea se fue pasando de generación en generación.

Algo así ocurrió con las frases que acabo de platicarte, pasaron de generación en generación sin nunca cuestionar por qué el jugar estaría visto como algo malo —y ni se diga descansar—. Digo, hasta la fecha me sorprendo sin poder durar ni cinco minutos contemplando la nada. Dios nos libre no ser productivas o estar haciendo algo intelectual, servicial o que sume valor al mundo. Jajaja... No sabemos ni por qué hacemos lo de los refranes, pero no hacerlo implica una gran deslealtad al clan familiar.

Así que, con este tipo de discursos, ¿qué crees que esa niña cachetona y pizpireta decidió hacer? ¡Claro! ¡Gran idea! Si tan solo soy perfecta y la mejor en todo, entonces ¡seré madura! Y aquí comenzó el principio del fin del mundo mágico.

> *No. Mira, los niños de hoy en día saben tantas cosas que dejan de creer en las hadas y cada vez que un niño dice: "No creo en las hadas", algún hada cae muerta.*
>
> Peter Pan

SANTA CLAUS

Hoy siento una mezcla de emociones. Rememoro esa ocasión en la que me enteré de que, en realidad, Santa Claus no existe. No tengo tan claro cuál fue la fuente de la revelación de tan significativa noticia, y seguramente la tengo bloqueada en mi mente, por protección al mensajero, aunque creo que es casi un hecho que debieron ser varias señales: amigas del colegio, mi hermana, algún mensaje en la televisión, o algo más.

Pero es de esas noticias de las que te enteras y gran parte de tu corazón te dice: "Mmm, ¿y si me hago sorda un ratito más?". Porque la fantasía de creer te hace sentir cómoda, especial, y llena de juguetes nuevos. No responde a ninguna lógica, pero tú lo das por aceptado.

"Sí, claro, sí llega Santa Claus a mi casa por la chimenea…". Aunque sabes que tu casa no tiene una y nunca la tendrá, porque vives en México. Sí, Santa te encontrará en cualquier lugar, así salgas de vacaciones a visitar a tus abuelos, no te preocupes, él sabrá cómo llegar, él ve cómo te estás portando, como si no tuviera ya demasiado trabajo con estar fabricando miles de juguetes. Por lo menos ahora que me toca ser la mamá, está la modalidad del duende mágico que es el nuevo encargado de vigilar cómo se portan mis hijos, que lo hace un poco más creíble, ¿no?

Cuando fui creciendo, empezaba a cuestionarme muchas cosas que ya no obedecían a la lógica, y obviamente no tenían respuesta más allá de un "Pues porque es mágico, ¿no?". Una vez que no queda para dónde hacerse pato sobre la realidad, y que ya no puedes seguir participando en tu rol de "Sé que son mis papás, pero si no digo nada pues se alarga la tradición", llega ese difícil momento de reconocer que es tiempo de poner un alto y confesar la verdad.

Recuerdo haber pasado por diferentes estados en mi corazón, a los que hoy a mis treinta y seis años puedo darles un nombre en mi cabeza: "fases de duelo". Muchas veces pensamos que el duelo solo se vive cuando pierdes a alguien, pero lo hay también cuando perdemos algo, un sueño, una meta, una amistad, una creencia, una forma de ver la vida.

Es más, justo en este momento que estamos viviendo un año muy particular que pareciera un juego de Jumanji, entre pandemia, fiebre bubónica y la abeja africana asesina, he perdido lo que se llamaría "mi rutina habitual". Y con esto no estoy queriendo decir que perder sea algo malo, en realidad son cambios de lo que estamos acostumbrados a hacer o creer, o defender a capa y espada.

Me encantaría decir que soy de esas personas que puede soltar las cosas en un abrir y cerrar de ojos, perooo noooo, yo no soy de esos humanoides, soy de la clase de humanos que vive todo con intensidad, aunque muchas veces no lo demuestre en el exterior. Lo pienso y lo repienso, reflexiono, me lo pruebo, me enojo, lo suelto, lo tomo, lo platico con alguien cercano, le busco la moraleja, me vuelvo a enojar, lo perdono, lo acepto, lo lloro y al final siempre termino riéndome con mucha ternura por el recorrido que acabo de dar para hacer que algo que creía con todo mi ser quede libre y así pueda volar cual mariposa que emprende su nuevo camino. Siempre imagino que tal vez esa idea vaya a postrarse en la mente y el corazón de algún humanoide más que necesite aprender la misma lección.

Así recorro mi sube y baja de emociones cuando tuve que dejar ir a Santa Claus. Desde un "qué poca madre, ¿por qué me engañaron?", y sentirlo con mucho coraje y desilusión, hasta cuestionarme: "Entonces, ¿Santa no vivía en Guadalajara como decían mis papás cuando viajábamos a que tuvieran la tan esperada reunión de la lista de niños buenos y malos, para después enterarme, que más bien en Guadalajara era donde mis papás iban a comprar los juguetes de la cartita navideña?".

Muchas partes de la experiencia fueron inolvidables: la espera de contar los días para que llegara, el ver todos los comerciales con Chabelo, para poder elegir qué era lo que quería pedir; la explicación detallada a mis papas de cuál era el juguete que había puesto en la carta, (ya que, al parecer, la muñeca Barbie del vestido bonito, era algo muy poco específico para Santa), y el tan esperado momento de la mañana de Navidad. Todo eso desapareció en un abrir y cerrar de ojos, y aunque fue un momento de muchas emociones encontradas, en definitiva, ayudó a abrir el paso para las siguientes experiencias.

Pues uno y mil duelos ha vivido mi parchado corazón en esta experiencia humanoide, a veces con muy poca compasión por mí misma para darme cuenta de ello. Creo que el más reciente es el reconocer lo perfectamente imperfecta que es mi familia, mis padres en particular. Si me hubieras preguntado hace pocos días, todavía podía defender a capa y espada que lo que mis papás me dijeran era correcto, "es la ley", justificar que lo hacen por mi bien, un "seguro no lo dijeron con mala intención, tal vez no se dan cuenta", y preguntarme: "¿Será que algún día cambiarán?".

Al tener que confrontar esta experiencia de cuestionar: "¿Será que Santa no existe?" y "¿Será que mis padres no tienen la razón absoluta?", era una cosa que obviamente ya sabía, pero, para hacer gala a la costumbre, decidí hacerme sorda lo más que se pudiera, y así evitar criticar la realidad; total, eso evita el conflicto. Además, ya bastante drama hay en la pandemia para sumar uno más.

Pero una vez que decides aceptar que es momento de crecer, ya no hay para dónde hacerse, ni con tu compañera del colegio (que ahora será tu compañera del taller), tus maestros espirituales, personales, pódcast y hasta los libros que lees. Es cuando llega el momento de hacer frente al duelo de ver morir esa creencia.

Debo confesar que he ido del "¿te cae?, ¿es cierto?" al enojo total de despotricar directo con mis papás en tono: "Tú eres el responsable de esto y de aquello, estoy harta y cansada de jugar este papel en la familia", para regresar a la aceptación de "ok". Pero siempre ha sido así, solo que ahora lo ves diferente, y eso también está bien.

Tengo muchísimas frases y creencias que brincan en mi cabeza al respecto, desde "Honrarás a tu padre y a tu madre", "Te lo digo yo que soy tu madre", "Tanto amaba la mamá cuervo a sus hijos que terminó por sacarles los ojos", hasta la canción de *Enredados*, o sea, de Rapunzel de "Sabia es mamá".

Sin embargo, el verdadero miedo que puedo abrazar con mucho amor hacia mí misma es: "Chin, ¿yo haré lo mismo con mis hijos?". Esto que me molesta es porque es mío, ¿no? Eso dice la teoría del espejo. Entonces, ¿estoy igual de enloquecida? ¿Y si yo, por contestar así y rebelarme, me gano karmáticamente que mis hijos hagan lo mismo cuando estén grandes? ¡Ay, Dios mío, qué miedo! Siempre he tenido un pánico escénico a traumatizarlos y que se vuelva el tema principal de sus sesiones con sus futuros psicólogos. Pero la verdad es que cada vez estoy más convencida de que es imposible no hacerlo, porque solo somos niños en cuerpos de adultos educando niños.

Esto lo observo más, y más ternura me da. Veo de forma repetida a adultos en mi trabajo que, al contarme sus inquietudes, miedos o frustraciones, estos no distan mucho de los mismos miedos que tuviéramos desde niños: "¿Y qué tal si no soy suficiente?; "¿Qué tal si no juegan conmigo o no me invitan a la reunión?"; "¿Y si no tengo el juguete de moda?": antes los tenis de Jordan, hoy tal vez un coche del año. Qué tal que en mi afán de ser una buena mamá termino enloquecida.

Debo confesar que he recorrido un largo camino en esto, muchas veces con éxito pidiendo ayuda para romper patrones adquiridos de dejar de buscar el delicioso sabor fantasía del control. Jajaja... Aaah, el control, este "poder invisible" en el que crees que tú tienes la neta del planeta, y que si todos hicieran lo que tú crees que es correcto entonces el mundo se arreglaría de inmediato, porque, obvio, tienes consejos para dar y regalar. Este "control" de querer que tus hijos no sufran, no los desprecien, no sean víctimas de bully...

Por eso puedo entender con mucho amor la postura de mi mamá, al querer decirme qué hacer y cómo. Pero, siendo honestos, la única forma en la que funciona es que uno solo fuera un juguete o una figurita de acción, para seguir paso a paso lo que otro ordenara. Y pues esto no aplica siendo humanoide. Pero nos encanta la fantasía, ¿no crees? ¿Qué tal si te obedecieran todos con los que sueñas? Entonces pasas días y días queriendo que tu hijo haga lo que tú harías, que tu esposo haga lo que tú esperas, que tu amigo, tu socio... Esto es más fantasía que el mismo Santa Claus en persona.

En este afán de querer sobreproteger a alguien, lo único que sucede es que se coarta la libertad del otro. Sí, tanto amaba el cuervo a sus hijos que les sacó los ojos. Probablemente, ese pudiera ser un gran miedo como madre. ¿Dónde está el punto medio?: pues en reconocer que solo somos sus acompañantes, que el que no pidamos ya consejo a los padres o hagamos lo que ellos quieren no tiene que ver con que no los amemos o no los necesitemos, tiene que ver con que estamos recorriendo nuestro propio camino. Es otra historia, otro propósito y otra misión de vida. Lo único que en realidad necesitas de tus padres es sentirte amado y aceptado por ellos, eso es todo; es decir: "No me digas qué hacer, dime que haga lo que haga estarás conmigo para apapacharme, para amarme y aceptarme", eso es todo.

Mis papás, dos seres que pusieron lo mejor de ellos para guiarme, con lo que ellos sabían, con lo que ellos podían, con lo que existía, eso me hizo cambiar del enojo a la compasión, entender que hacen lo mejor que pueden, todo el tiempo, y así mi corazón empezó a encontrar su camino de regreso al amor y a la gratitud.

Gracias, papás, por darle vida a Santa; gracias por estar ahí para mí; gracias por intentar que no me pasara nada; gracias por soltarme; gracias por creer en mí; gracias por poner lo mejor de ustedes. Gracias por este acuerdo de almas que me ayuda a regresar a la paz.

El hada que encontró sus alas

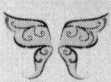

Érase una vez una niña que había sido llamada por el rey del castillo para asignarle una gran misión, la cual sería un honor para el valiente que decidiera aceptarla. No era una tarea fácil, pocos caballeros del reino habían sido capaces de lograrla y regresar con vida para contar sus hazañas. Sin embargo, el rey estaba seguro de que esta era la aventura que ella necesitaba.

Así pues, llegó el día en que tuvieron su reunión. La niña, con la inocencia que caracteriza a un alma noble, miró fijamente al rey y le dijo:

—Dígame ¿qué puedo hacer por mi rey y vuestro reino?, ¿tendré que ir a cazar un dragón, ¿conquistar tierras lejanas, descubrir nuevos mundos?, ¿será necesario que me ponga una armadura?, ¿iré sola o acompañada?

El rey la miró con una enorme sonrisa, y con su voz llena de ternura contestó:

—¡Ay, mi niña!, sí, probablemente tendrás que hacer todas las hazañas que acabas de mencionar: cazar dragones, conquistar tierras lejanas y descubrir nuevos mundos, la armadura no será necesaria, pero te hará sentir segura.

—¿Segura? ¿A qué se refiere mi rey? Entonces, si necesitaré llevarme muchas cosas de aquí, ¡suena peligroso!, no sé si estoy lista.

—¡Calma, calma! —exclamó el Rey—. Respira, no te preocupes, todo lo que necesitas se te otorgará durante el camino. Yo jamás he dejado desamparado a alguien de mi reino. Tú solo tendrás que confiar en que lo que necesitas te encontrará.

Esta misión ha sido escrita solo para ti. Hoy te entrego esta llave de oro para que puedas abrir el cofre que guarda un gran tesoro, si logras encontrarlo. Tendrás muchas pistas en el camino, seres mágicos que serán de gran importancia, sanadores, hechiceros, sabios, amazonas, conejos blancos, incluso caballeros en su armadura para librar las más peligrosas batallas, fieles compañeros para reír en el camino, todos ellos llegarán a tu encuentro por alguna razón y te ayudarán a lograr tu misión.

La recompensa será inimaginable. ¡Este tesoro es el más grande que haya existido en todos los tiempos! Miles de aventureros han partido del reino una y otra vez para lograr desafiar esta hazaña. De conseguirla, tendrás felicidad eterna. Pero hay solo una condición para poder ir a buscarlo: que una vez que cruces las puertas del castillo, olvidarás por completo lo que hemos platicado hoy. Tendrás que confiar en ti, necesitarás de todo tu corazón y la ayuda de los seres mágicos para recordarlo.

¿Estás lista para la gran aventura de tu vida?

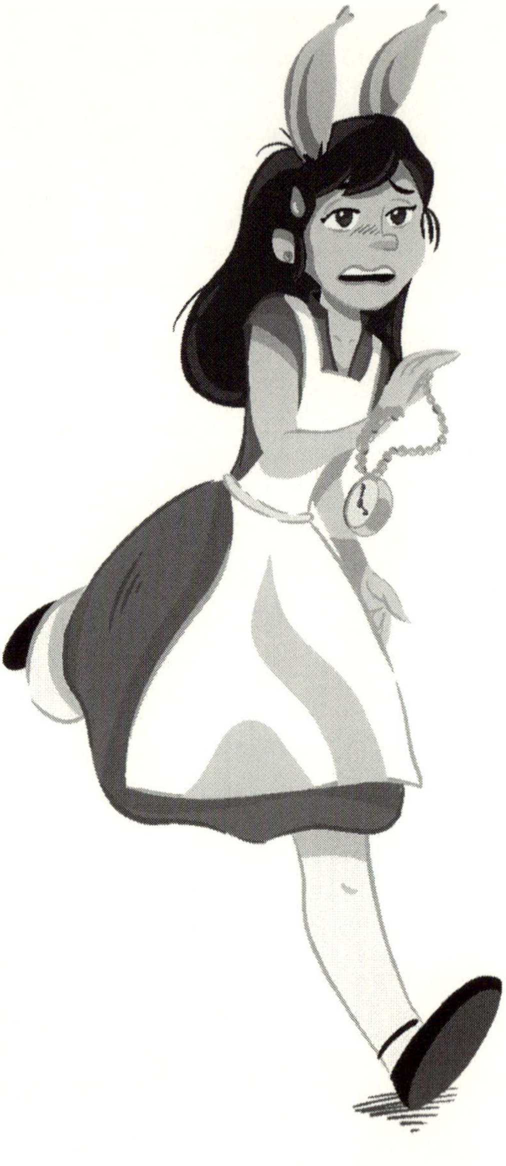

Cuánto tiempo es para siempre, a veces apenas i
El Conejo blanco, "Alicia en el país de las maravillas"

EL CONEJO BLANCO

Dicen que el tiempo es relativo, que depende de qué estés haciendo en ese momento. Einstein explicaba la relatividad del tiempo con una metáfora de cuán eterno es un minuto con la mano en el fuego y cuán fugaz cuando estás besando a la persona que amas.

He leído una y otra vez que el tiempo es relativo, que es un engaño. Es que vemos las cosas de forma lineal y vamos corriendo hacia ningún lugar, como si de la siguiente acción dependiera la vida del mundo entero. ¿Mucha cabeza? Ok. Déjame contarte una historia de cómo lo experimento yo. Cuando era niña, recuerdo que salía a jugar con mis amigos de la cuadra, a la cual llamábamos "la callecita"; eran tardes llenas de juegos como: policías y ladrones, alcanzadas en bicicleta y mil juegos más que se nos ocurrían para divertirnos en ese día. El tiempo parecía eterno entre cada juego, y a la vez tan rápido cuando escuchaba el grito de mi mamá cuando ya era hora de volver a casa. "¿Pero por qué hay que regresar a cenar si apenas empezamos a jugar?".

Recuerdo veranos que pudieron parecer eternos; me alcanzaba y sobraba el día para vivir un sinfín de aventuras, solo importaba ser el primero en llegar a la base o lograr que el equipo ganara en futbéis para al final festejar con un delicioso boli de rompope. (Jamás cuestioné los estándares de higiene y control de calidad de dicho manjar).

Conforme fui creciendo mis horas del día fueron cambiando más hacia las cosas que tenía que hacer y menos hacia las que hubiera deseado hacer. Eso, en mi crianza, se llamaba "responsabilidad", y sonaba como el camino correcto a seguir para tener éxito. Más letras, menos dibujos en los libros.

Creo que es por eso que puedo identificarme claramente con la historia de *Alicia en el país de las maravillas*: siguiendo sus responsabilidades hasta que un día, leyendo un libro con su institutriz, ve pasar a un conejo blanco, con un reloj de oro, al cual no deja de mirar; dicho personaje la llena de curiosidad y decide seguirlo.

¿A seguirlo por curiosidad? ¡Claro! ¿O a falta de ella? Me lo he cuestionado muchas veces. "¿Pero a dónde vamos con tanta prisa?". "¿Será que hay que correr hacia algo y no me enteré?". Y así de absurdo, sin preguntar más, al igual que Alicia, empecé a correr tras el conejo blanco, porque como él dice: "Es tarde ya, ya son más de las tres". Ahí comenzó mi carrera contra el tiempo.

Tenía que tener las mejores calificaciones para poder lograr entrar a una gran universidad y así conseguir tener un trabajo en una empresa de un edificio muy alto, donde conocería al amor de mi vida; después me casaría y tendría hijos "antes de que se me fuera el tren". Al mismo tiempo, lograría ser una madre presente, sin descuidar mi carrera profesional; tendría que tomar las mejores decisiones para poder retirarme joven y rica antes de los cuarenta años (como bien lo dice Kiyosaki); esto, obviamente, ¡sin que el tiempo se notara jamás en mi cara! Porque hay que correr tras el tiempo, mas que no se note o pase por uno. Sí, así de contradictorios somos los humanoides.

Fue así que empecé a correr, correr, correr sin parar. Había que lograr muchísimas cosas. Recuerdo estar en la preparatoria estudiando para tener las mejores calificaciones, yendo a entrenar dos horas de voleibol al día, aprendiendo cómo tocar el órgano, la guitarra; practicaba asimismo con las escaramuzas en el lienzo charro; salía con amigos, leía el libro de la semana, buscaba el tiempo para ver la serie que me gustaba en TV de cable, cuando sí esperabas una semana para el siguiente capítulo. (Si hubiera sido de la generación de Netflix, quién sabe, me hubiera quedado sentada en el sillón).

Cuando veo correr al Conejo blanco con tanta angustia por llegar tarde, enojada en el coche esperando a que el tráfico avance, me siento identificada. Por ejemplo, a pesar de que no debiera haber ninguna prisa porque el tiempo de camino está medido para ir a Mazatlán (sea por Waze o por el navegador del auto), me llego a sentir desesperada si por algo se incrementa el tiempo calculado de llegada. ¡Porque ya voy tarde otra vez! ¡Sí, siento que voy tarde hasta en mis vacaciones! ¡El colmo!

Me he visto atrapada en el personaje del Conejo blanco, desesperada porque alguien es lento para pagar en la línea del súper; incluso con mis hijos lo he vivido al hacerles alguna indicación que les pedí. Me veo una y otra vez en el espejo como si me crecieran unas orejas blancas, para después sacar el reloj de oro con mi hijo mayor: "Leo, ándale, ¡desayuna! Vas lentísimo!". U "Ok, niños, a cenar, ya son las 7 p. m., después, al agua, patos (o sea, a bañarse) y a dormir, porque ya son 6:50 p. m. y se nos hace tarde...". Pero ¿tarde para qué?

Por Dios, Conejo blanco, ¿a dónde vas con tanta prisa? Ni siquiera en esta pandemia mundial del 2020, que no hay adónde ir, nada más que hacer, que repetir tu día en casa una y otra vez... ¿Ni con todo eso dejas de ver el reloj?

En algún momento me perdí y empecé a trazar mi vida como un maratón de metas. Recuerdo que, cuando entré a trabajar a un corporativo, mi meta era subir de puesto lo antes posible, así pasaría algunos años como dice la frase "Echando a perder ajeno". Me establecía metas a las que debería llegar rápido, ganar primeros lugares, subir de ingresos. ¡Rápido, Alicia, corre tras el conejo, que se nos hace tarde!

Pero era muy extraño lo que pasaba, porque llegué a un punto en el que, al trazar una meta, daba por hecho que no importaba el trabajo que me costara, la iba a lograr, por lo que cuando la conseguía no me merecía aplaudirme ni un nanosegundo pues era lo que tenía que pasar, ¿sabes?, no era opción.

Recuerdo imaginarme una vez que me había subido a una caminadora eléctrica, de las que se usan en el gimnasio, y, sin darme cuenta, había estado incrementando la velocidad; cuando menos lo pensé, lo hacía de nuevo, no para caminar, sino para correr y aumentar y aumentar la velocidad sin parar, sin llegar a ningún lado en realidad, solo alcanzar la siguiente meta.

Al sentir que cada logro era insuficiente o poco aplaudible —porque al final era "lo mínimo que yo creía que se hubiera esperado de mí"—, empezaba a sentir un gran vacío, entonces empecé a llenar cada vez más mi agenda: "Tal vez lo que me falte sea ir al gimnasio o tomar una clase extra". Entonces, me inscribí a un diplomado de hogar y empresa para ir en las noches después de trabajar, así además sería una excelente repostera. También estudié violín y animación digital. Me inscribí en un curso de oratoria y a un sinfín de talleres más, porque sentía que si no aprovechaba el tiempo alguien iba a venir a decirme que iba tarde.

Hoy, escribiendo esto, me encantaría tener una máquina del tiempo para irme a visitar y poder tomarme de los hombros con mucha ternura para decirme que era necesario parar.

Obviamente, como hasta hoy no he conocido la máquina y como ya les hice *spoiler*, no pude viajar tiempo atrás, lo único que pudo detenerme fue una operación en el esófago para poder calmar mi reflujo, producto de una gran ansiedad y autosobreexplotación laboral. Una tratante de esclavas blancas me hubiera quedado corta.

Siempre había tiempo para todo y todos, menos para mí. Volvía a lo mismo: "Más letras, menos dibujos en el cuento", corriendo una y otra vez, mientras mi corazón poco escuchado en ese momento gritaba desesperado: "Espere, señor Conejo".

El Conejo blanco siempre tenía su reloj parado a las 12:25, siempre era la misma hora. ¿Será que nos dejó una pista para recordarnos que el tiempo es una ilusión? Porque, si lo pienso, una vez que termine la rutina del día con más puntualidad que una mujer alemana, ¿qué sigue?: volver a empezar, y llegarán las 6:50 p. m. de nuevo para hacer de cenar. ¿Para qué la prisa?

Y es que muchas veces ese reloj es el que nos mantiene atados a la rutina, a este lado del espejo, esta realidad. Corremos desde que nos despertamos, con una lista de pendientes por realizar. Crecen nuestras orejas blancas cuando estamos esperando que se hornee el pan, que se termine el mes, que acabe el encierro de la covid. Y para ir a dónde. Una vez que el Sombrerero loco llena de mantequilla ese reloj y lo descompone, es cuando nos damos cuenta del sinsentido de ese aparato.

"Cuánto tiempo es para siempre, a veces apenas un segundo...".

Y al apagarse el reloj del mundo humanoide y yo entrar por la madriguera del conejo, al mundo de las maravillas, donde la realidad existe, donde yo existo y no es necesario estar en ningún otro lugar más que ahí, es cuando vuelvo a nacer, puedo ver colores, oler el pasto, sentir el viento, escuchar las risas de mis hijos, sentarme en el suelo a jugar y construir la mejor ciudad con pistas de Hot Wheels, diseñar un mundo donde los carritos vuelan por encima de un tiburón mutante, donde solo importa estar ahí, reír con ellos. No hay reloj, no hay prisas, por fin llegué a donde siempre debí estar, al momento que está ocurriendo ahora, porque nunca volverá a ser igual.

Cuando sientes los minutos como horas, puedes ver un mundo perfectamente diseñado para que lo admires. En mi caso, justo ahora estoy sentada en una banca de un parque después de haber corrido unos kilómetros como rutina de ejercicio para poder sentir mi cuerpo. ¿La gran recompensa?: sentarme en la banca, tocar el pasto húmedo, escuchar los pájaros, sentir arder mi nariz por el aire frío y tomarme un tiempo para estar conmigo.

He aprendido que puedes correr y correr cual maratonista sin rumbo llenándote de medallas sin significado o entender que el verdadero mundo de las maravillas es ponerle propósito a todo lo que haces; no tiene que parecer la gran cosa para el mundo, digna de una ovación o un premio Nobel, pero sí ser lo más grande para ti, lo digno de una autoalabanza.

¿Qué tal hacer ejercicio? Porque puedes y quieres, porque tus piernas son fuertes, porque respiras y se inflan tus pulmones. Cuando yo hago eso me imagino a mis pulmones sonreír, o bien que estoy horneando por el placer de ese aroma de pan recién hecho. Tú puedes sentir que estás trabajando para poner tus talentos al servicio de los que están a tu alrededor y confían en ti; que tomas una taza de café, pero realmente tomarla, sentir la taza caliente en las yemas de tus dedos; dejar sonreír a tu nariz cuando percibe el aroma singular, sentir su sabor y apreciar que sí hay una diferencia cuando decides despertar.

Estamos rodeados de conejos blancos corriendo todo el tiempo en espera de una señal o una Alicia que les grite "Espere, señor Conejo, porque en su correr puede que se esté perdiendo del país de las maravillas".

También he aprendido a reírme un poco más de mí, a no tomarme tan en serio, y cuando me veo en mi particular carrera con el tiempo, inmediatamente tomo esas orejas blancas, guardo el reloj y me pregunto: "¡Alicia!, ¿a dónde con tanta prisa?".

> *Y vivieron felices para siempre.*
> Todos los cuentos del mundo

RECOMPENSAS

¿Te ha pasado que te pones una meta y, desde que empiezas a imaginar cómo sería, tu mente divaga en todo el camino que deberás recorrer, las habilidades que necesitarás adquirir, incluso los retos o dragones que tendrías que matar? Tu corazón está tan envalentonado en lograrlo, que la mezcla de miedo y emoción te dice: "Inguesu..., ¿por qué no?". Entonces, decides lanzarte a la aventura, ya sea conseguir un nuevo puesto en tu trabajo, cerrar un gran trato para tu negocio, casarte, tener hijos, viajar o lo que sea. Así que haces tu plan. Está todo listo para vivirlo. Seguro este ciclo lo has vivido en innumerables ocasiones, ¿no? Al final, "De eso se trata la vida", dicen por ahí.

Pero mi gran reclamo, al igual que el de muchos que crecimos con Disney, es que no sabemos qué pasó al siguiente día del final clásico de "Y vivieron felices para siempre". O sea, muy bien, ya lo logré, ¿y ahora qué?, qué sigue después de matar al dragón. Como nadie nos lo dijo, y jamás lo cuestionamos, decidimos embarcarnos en la siguiente aventura, meta, reto o sueño. Es decir, no nos enseñaron a festejar, a recompensarnos a permitirnos vivir ese momento de gloria como se debe.

Durante muchos años de mi vida, el juego simplemente se trataba de conquistar, derrotar al dragón en cuestión, para lograr la hazaña puesta en mi cabeza, y una vez que la lograba había que abrir inmediatamente el siguiente cuento, ¿no? Siempre estaba con la expectativa de que ganaría alguna ovación de pie del público conocedor por lo que había logrado.

Ahora, no sé si te ha pasado, cuando la recompensa consiste en esperar el aplauso, digamos que nunca suena tan fuerte como esperabas, o lo que en tu interior implicaría el pago por tu hazaña; y esto sientes, aunque no lo digas, aunque no lo muestres. Entonces en tu vacío buscas más y más repetir las cosas que te puedan asegurar un aplauso más fuerte o un "¡Guau, qué bárbara! ¿cómo lo hiciste?, ¡estás cañona!". Y... no sé por qué, como que... mmm... aun así, no termina de ser suficiente, esperas más y más en un ciclo interminable de reconocimiento.

Es cuando empiezas a caer por esa madriguera del conejo y te empiezas a cuestionar: "¿Será que ese dragón no fue lo suficientemente grande o feroz para merecer un mayor reconocimiento de mis padres, de mi pareja, de mis colegas?"; "¿Será que tendré que aventurarme a una hazaña mayor?". Sigues y sigues cayendo por la madriguera pensando que hay que ponerle más peligro; lo logras y nuevamente piensas: "Creí que eso merecería un aplauso mayor, por lo menos un corrido norteño de valientes que arriesgan su vida". ¿Te ha pasado? A mí sí, me sucedió en muchas ocasiones, corría de una meta tras otra sin sentir nunca que fuera suficiente para lograr un "Y vivieron felices para siempre" y tan tan. Siempre era más como en la película de *Buscando a Nemo*, donde estaban los peces del dentista ideando recurrentemente un plan diferente para escapar de la pecera hacia el mar, y cuando lo logran y se ven flotando en las bolsas sobre el océano, su única pregunta es: "¿Y ahora qué?".

Leí en alguna ocasión que tenemos que recompensarnos, premiarnos por lograr alguna meta, lo cual me pareció razonable a simple vista, solo que como yo sabía poco de cómo premiarme y mucho de sentir culpa por la autopromoción (como buena niña católica, educada en escuela de monjas), pues elegí empezar a premiarme con lo más obvio que se me ocurrió: meta cumplida igual a me gané un premio, ¿qué premio? ¿Qué tal ir al *spa*?, ¿por qué no? Todos apreciamos un buen masaje. Pero sabes qué sucedía, que iba al masaje y mientras estaba recibiendo el tratamiento, mi cabeza divagaba y poco a poco empezaban a crecer mis orejas blancas de conejo con prisa, no dejaba de pensar: "Bueno, ya estás recibiendo el masaje, ya que salgamos debería marcarle a fulana para poder avanzar en los pendientes de mi *check list* del día. ¿Qué hora será? A ver, mmm... Piensa... Ya acabó con las dos piernas, falta la espalda, el cuello, mmm... ¿Que serán?, ¿unos veinte minutos más? ¡Bueno, Alma, relájate!, acuérdate que es tu premio, pon la mente en blanco, en blanco. Mmm... ¿Sí le avisé a mi asistente que reagendara mi cita de mañana?, porque se empalmó con una junta. No, no, no, respira, en blanco, mente en blanco".

Y mi cuerpo aparentemente descansaba pero mi mente no, seguía y seguía construyendo cuál era el siguiente paso para dar. Obvio, esto acompañado de la culpa católica de: "Yo aquí bien a gustota, echada en la cama del *spa* en lo que tengo mil pendientes que hacer, ¡qué bárbara, Alma, neta contigo!".

De ahí fue que empecé a buscar otras opciones: ¿qué tal ir de compras? Dicen que eso eleva las endorfinas, porque tienes el poder, el poder en tus manos de la decisión de obtener lo que quieres en ese nanosegundo. Y entonces compraba cosas, cositas, cosotas, muchas cosas que la verdad no necesitaba, pero era una forma en ese momento de decir: "Si para eso trabajo, ¿no?, para comprar lo que quiera, para darme mis gustos". Pero en el fondo yo sabía que era más una cuestión de decirme que estaba valiendo la pena la madriza que me había puesto matando al dragón de mi última hazaña. Regresaba con la cajuela del coche llena de bolsas, bolsitas y bolsotas, tantas que a veces hasta me daba pena con mi esposo, justificaba con "Me toco un ofertón, ¿tú crees?". Ofertón de cosas que, francamente, muchas se fueron regaladas a otras personas con la etiqueta puesta, porque jamás las estrené.

Así probé muchísimas formas de premiarme, hasta que un día en un congreso mi socio Rodolfo nos hizo hacer un ejercicio que había aprendido con su *coach* de Nueva York. Él explicaba que nosotros podemos generar mucho valor, y eso era entregar nuestra energía. Pongamos el ejemplo como si fuéramos un *smartphone*: tú puedes generar muchísima utilidad al mundo, como teléfono, acceso a internet, entretenimiento en juegos, redes, calculadora, entre otras monadas más, sí, siempre y cuando tengas batería, pero cuando se te empieza a acabar la batería y aparece el estresante letrero de "Modo ahorro de batería", dejarás activas solo las funciones básicas, porque no das para más, y es urgente que te puedas conectar al cable para recargarte de nuevo y volver a ser el súper *smartphone* que esperas ser.

En nuestro caso, es igual a cuando estamos tan volcados en ir tras el siguiente paso solo porque sí, sin poner ninguna intención, sin ver el paisaje, solo un paso tras otro que no nos permite el descanso. Luego, primero, todos a nuestro alrededor se convierten en estúpidos, porque nadie hace lo que le toca: uno se metió en la fila del coche, la pareja no nos entiende, el cliente de plano no contesta, los hijos están más berrinchudos que nunca; o sea, estamos operando con una paciencia menor que la de un niño de un año, a flor de piel, en modo ahorro de batería, función básica y primitiva, es decir: "No me vean porque muerdo".

El siguiente paso en la dinámica que nos mostró mi socio era hacer una lista de las cosas que nos llenaban de energía o que nos hacían felices, nuestros "premios".

Y… ¿qué creen?, la primera vez que hice este ejercicio

no fui capaz de contestar, mi cabeza daba vueltas una y otra vez sobre "Chin, ¿qué me gusta?, ¿qué es lo que realmente me hace feliz?". Increíble, ni siquiera sabía qué me hacía feliz que no tuviera que ver con lo que querían los demás o con contestar lo socialmente aceptado. ¿Qué de verdad me sube la energía, a mí, Alma, como individuo sin cumplir ningún rol?

Cuando hacemos la lista, el siguiente paso es agendar días libres en nuestro calendario, en los que hiciéramos cosas que nos hicieran felices, ¿no?, ¡pero yo!, sí, yoooo, Conejo blanco, corriendo siempre tras una meta, lo que hice de inicio fue: "De acuerdo, Alicia, hagamos un plan, si tengo un día libre de trabajo, entonces voy a hacer todos mi pendientes personales ese día". Y una vez más retaqué en mi agenda: ir a la estética a retocarme el tinte, mani y pedi de cajón, porque ¿cómo andar con manos de albañil? Era necesario también ir al dermatólogo, tintorería, a Gonvill, para comprar el siguiente libro. Obvio, agendé la cita en el *spa* porque no debe haber día libre sin masaje. Ahora puedes imaginar: mi mañana libre fue correr y correr entre un pendiente y otro. ¿tú crees que así conseguí mi "Felices para siempre"? ¡Pues no! Y ahí fue donde empecé a tener una pista de que yo sabía hacer muchas cosas menos recompensarme y descansar. ¡Chan... chan... chan... chan...! (Suena la música tétrica de fondo).

Yo no necesitaba villana de cuentos o una bestia que me encerrara en el calabozo del castillo, conmigo misma tenía para poner mi cabeza a trabajar las veinticuatro horas los siete días de la semana. La máquina, siempre a todo vapor. Bueno llegué al extremo en que la única forma de que fuera válido poner un alto para quedarme en cama sería... ¡Pues claro!: enfermarme. Y para adelantarme un poco a esto, pues mi cuerpo y alma desesperados me llevaron a tener tres operaciones en un lapso de cuatro años. ¡Claro! Ahí ya se valía, qué fuerte, pero así fue, una princesa completamente dormida pensando que mataba a un dragón, sin darse cuenta de que en realidad era un dragón de dos cabezas y una de ellas era la de ella misma.

Llegó el día en que me cansé. Recuerdo caer en la total desesperación de verme frenada repetidamente por salud, por tronar mi cuerpo sin cesar, desesperada; mientras me bañaba me hinqué y dije: "Es que esto no puede ser así, no tiene sentido, no es vida vivir así, corriendo por una meta, sentir que no recibí el reconocimiento suficiente, ponerme una meta más grande, correr tras ella, sentirme totalmente agotada, enfermarme y así poder descansar y volver a empezar; de verdad, esta no es la vida que quiero tener".

Bueno, pues déjame platicarte una experiencia aún peor para que puedas conocer un poco de mi locura en ese tiempo.

Llegó un momento en que pensé que también el tiempo que usaba en manejar era una pérdida de tiempo para todas las metas que yo quería conquistar, así que decidí que, mientras manejaba, iba a aprender italiano. ¿Has escuchado que las mujeres somos *multitask*? Pues... mentira cochina. Sí que lo somos, pero para algunas cosas, pero no cuando necesitas estar alerta y con tus instintos al cien. Una tarde iba manejando y ensayando unas frases en italiano cuando di una vuelta a la izquierda y... ¡pum!, el tiempo se detuvo, abrí los ojos y vi todas las bolsas de aire y las cortinas de los laterales de mi coche abiertas; me bajé muy atontada, vi a un hombre que iba en motocicleta tirado: se había estampado en mi puerta de copiloto, y aunque él se había pasado el alto, yo tampoco estaba al cien atenta para frenar en tiempo, y eso sí fue mi responsabilidad. Llevo conmigo claramente ese día, porque lo repetí en mi mente hasta el cansancio: "¿Qué había pasado?"; "¿Cómo había fallado en esa magnitud al borde de haber sido responsable de dañar así a otro ser humano?". Me bajé del coche en una avenida conocida de la ciudad y lo vi tirado. La gente se me vino encima, me gritaban: "¡Ella fue, ella venía manejando!". Yo intentaba acomodar mis ideas, pero solo recordaba la última frase en italiano. Me arrodillé junto a él y jalé los audífonos de su bolsillo con su celular, marqué el último número para avisar lo que le había ocurrido; le llamé a mi esposo para pedirle ayuda y lo que se vino a mi cabeza fue la información de un *mail* cadena que lees con flojera pero del que dices: "Tal vez un día me sirva la información". Empecé a preguntarle una cosa tras otra para que no se durmiera: "¿Cómo te llamas?"; "¿Dónde trabajas?"; "¿Qué te duele?"; "¿Estás bien?".

Mientras trataba de comunicarme con una ambulancia, la gente me empujaba, hasta que de pronto no escuché nada, sentí muchísima paz. Volteé y vi a una mujer más o menos de mi edad, con una cara muy bonita y muy dulce, blanca, blanca con chapetes, un poco gordita, que se paró atrás de mí y abrió los brazos como si fueran alas, como si fuera un campo de fuerza, y me dijo: "Tranquila, todo va a estar bien". Cada vez que recuerdo esa escena, no dejo de pensar que ella era mi ángel de la guarda, porque no tengo palabras para describir la paz, dentro del caos, que empecé a sentir. Cuando de nuevo volteé, ya no estaba. Suena raro, pero así sucedió. Para que no se queden con la angustia, Rodolfo, el motociclista, tuvo una fractura en la pierna, de la cual me hice totalmente responsable en cuanto a gastos y recuperación. Yo pasé las siguientes ocho horas en los separos del ministerio público, en lo que se arreglaban las cosas. He de confesar que fueron de las peores ocho horas de mi vida; más que lo eterno que se me hizo el tiempo ahí, mi cabeza, que siempre me tenía muy entretenida, pues se lució, y ahí encerrada solo me ofreció las primeras tres estrofas de la canción de *Blanca Navidad*, como *loop*, peor que *jingle* pegajoso de comercial de los años noventa.

Recuerdo que salí hasta con tic en el ojo, me brincó el párpado como dos meses después y sobrellevé un pánico abominable a manejar, que tendría que superar en los siguientes años. Ese fue —creo— mi primer gran alarma de "¡DESPIERTA YA! ¡Esto no puede seguir así! Te vas a infartar antes de los treinta años".

Me encantaría decirte que el despertar fue fácil, pero no, simple mas no fácil. Lo más importante hasta este punto fue decir. "Este no es el cuento de hadas que quiero vivir, yo sé que hay mucho más y una mejor manera de vivir".

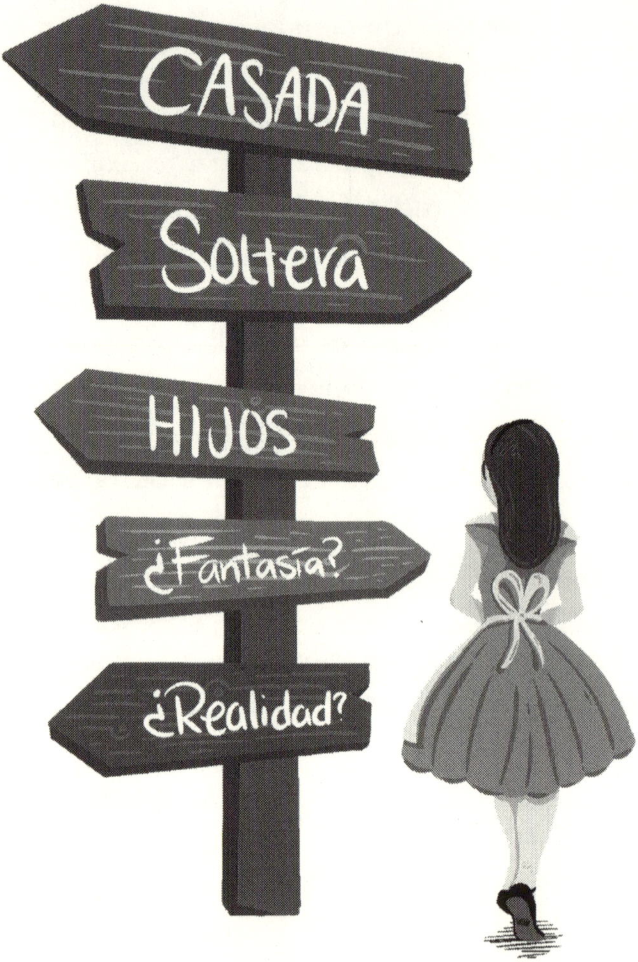
CASADA
Soltera
HIJOS
¿Fantasía?
¿Realidad?

—¿Podrías decirme, por favor, qué camino debo seguir para salir de aquí?
—Esto depende en gran parte del sitio al que quieras llegar —dijo el Gato.
—No me importa mucho el sitio... —dijo Alicia.
—Entonces tampoco importa mucho el camino que tomes —dijo el Gato.

Alicia en el país de las maravillas

ALICIA EN EL PAÍS DE LAS MARAVILLAS

¿Recuerdas la historia de *Alicia en el país de las maravillas*? Bueno, creo que, obviamente, sí, digo ¿quién no la vio de niña? Era sobre una niña que parecía más deseosa de vivir en un mundo de fantasía que en la realidad. Nunca logré entender exactamente qué fue lo que le pasó, si entró por el hoyo de la madriguera del Conejo como un portal mágico o simplemente estaba soñando. Aquí la principal pregunta que me surge es ¿cuál era el sueño y cuál la realidad?

De verdad, creemos que lo que vemos está pasando, y ¿si es al revés?, ¿qué tal que tu día a día es solo un sueño? Tú eliges tu personaje: la trabajadora, la mujer luchona, la que nunca se rinde, la madre modelo, fit y arreglada, la que tiene todo bajo control; además escoges el nivel de juego: fácil, difícil o experto; decides también quiénes serán los acompañantes del juego, e incluso el villano por vencer, ¿no?: la mujer que sientes que tira tierra, el cliente para convencer, la pandemia de la cual salir bien librado. De verdad, ¿no has pensado que este podría ser el sueño en realidad?

Sentada frente a mi computadora, me surgen una pequeña sonrisa y ganas de soltar una carcajada, ya que gran parte de mi juego lo hice en un nivel llamado "control", que sería equivalente a "¡difícil!", digamos; pero qué digo difícil, imposible, más bien.

Creo que en este país de las maravillas de locura me imagino perfectamente estar parada en muchas bifurcaciones de mi camino: "¿Debería estudiar esto o esto?"; "¿Debería estar casada o no?"; "¿Tener hijos o no?"; "¿Cuál será el mejor camino?"; "¿Qué camino es el correcto?". Y como decía el sabio Gato de Alicia, pues depende de adonde quieras llegar.

Como ya pusiste en tu cabeza el destino final —y Dios nos salve que no fuera lineal—, pones muchísima energía en no desviarte del camino de las rosas amarillas que te conducirían al final feliz de tu cuento, pero en el camino te das cuenta que ni tan lineal, ni tan amarillo, ni tan cuento.

En mi caso, empecé a pensar que había miles de cosas acechándome afuera, como si su propósito en la vida fuera ser el villano que me impidiera llegar, ese gran dragón al que habría que matar: falta de economía algunas veces, no tener lo que mis amigas parecían conseguir con facilidad, sentir que tenía que esforzarme más que la mayoría para ser merecedora de lo que quería ser o tener.

Fue así como se me ocurrió que la única forma en que podría salir bien librada de este cuento era irme preparada con la armadura más grande y dura que pudiera portar durante el camino. Así tal vez mis enemigos me tendrían más miedo a mí que yo a ellos al verme más intimidante, más fuerte, más determinada, aunque por debajo de la armadura estuviera más temblorosa que un ratón asustado, pero eso sí, digna, digna cual leona que se pavonea en la jungla.

Esa es la forma en la que hoy podría explicar lo que es usar el control para cubrir tu vulnerabilidad; es decir, conforme más miedo tengas y más historias turbias necesites crear en tu camino, más batallas y más luchas habrás de librar.

Entonces, ¿qué realmente tendrían en común el control y la vulnerabilidad? "¿En común?"; "¿Cómo?"; "¿Que no son contrarios?".

Mmm... No. En realidad, son más complemento de lo que crees. Todo depende de que elijas qué es el sueño. Si decides que el mundo humanoide es la realidad, pues sí, en definitiva, para vivir en un mundo externo tendrás que entrar en esa modalidad y ese avatar de estar esperando controlar todo lo que sucede afuera, todos los personajes, retos y acontecimientos, ante tanta magnitud e infinidad de posibilidades, pues no te queda otra que sentirte como un ratón tembloroso.

Pero ¿qué tal... qué tal si solamente pudieras cerrar los ojos ante este mundo para poder abrirlos hacia dentro y entender que lo que crees que es el sueño, es la realidad, que ese mundo después de la madriguera del Conejo es donde habita tu alma real, donde eres más fuerte de lo que cree tu personaje humanoide, donde todos somos almas colaborando con almas, donde cada uno tiene un acuerdo claro y un propósito en el país de las maravillas, solo que se te olvidó quiénes son porque estamos dormidos?

En tu sueño humanoide, te tomas un café con la hechicera del mundo real y decides librar la más fuerte de las batallas con el centauro guerrero en su traje de CEO. ¿Qué tal que un día abrazaste a una amiga que te reconfortó en un día lluvioso y olvidaste que era un hada?

Cuando recuerdas que el viaje real está dentro de ti, caes en cuenta de que tienes todo el control contigo para saber quién eres, que no hay peligro, que no es necesaria la armadura, que es importante que recuerdes quién eres, que reconozcas a tus almas amigas cuando las ves a los ojos. Yo sé que así es, lo experimento cuando las veo a los ojos, ahí en silencio, solo nos correspondemos con una sonrisa. Estos encuentros me dan la tranquilidad de saber que un día regresaremos a casa.

> *El mayor riesgo que tenemos que enfrentar*
> *es ser vistos como somos en realidad.*
> Cenicienta

CENICIENTA

¿Quién soy en realidad? Esta es una pregunta que me he hecho más veces de las que me gustaría admitir. Soy mujer, soy mamá, soy hermana, soy hija, soy empresaria, soy esposa... ¿Eso soy o esos son mis roles?

¿Soy libre de ser quien soy verdaderamente?, ¿me permito ser yo o soy lo que creo que la sociedad espera de mí? ¿O soy el personaje que entre muchas personas escribieron para mí, con el cual me aseguran ser "aceptada por los demás", y al que yo jamás cuestioné?

Mi primer sentimiento al explorar este tema es, muchas veces, de insuficiencia, de dudar continuamente si lo estoy haciendo bien; al buscar en otro lado, parece que la respuesta correcta son ideas que deberíamos defender como propias, pero muchas veces no se sienten así. Algo como: "Yo soy mi mejor versión, yo me amo incondicionalmente, soy perfecta como soy y me acepto", por mencionar algunas. Pero ¿cómo es abrazarlo sin que suene a cliché?, ¿cómo es vivir este manifiesto no como oración que recitamos en un curso de autoayuda?, ¿cómo

Colorín colorado... la princesa ha despertado

es verme en el espejo sin sentirme ridícula o incómoda al repetirlas?

Viene a mi mente un personaje en particular, Cenicienta, una princesa que, al despertarse por las mañanas, ya lo hacía un poco abrumada; a ella ya la esperaban los pajaritos diciéndole que iba tarde para sus tareas domésticas y los ratones la apuraban para vestir al nuevo ratón Gus Gus. Parecía que todos sabían cuál era la siguiente tarea que le "tocaba" hacer.

Bueno, pero lo que viene a mi mente es una pregunta: ¿por qué aceptó su situación? De entrada, ella era la hija única del dueño, por derecho, heredera de su mansión, pero ahora despertaba como la sirvienta de las nuevas inquilinas. ¿Se le habrá olvidado quién era, que era hija del dueño?, ¿qué habrá pasado en su cabeza? ¿Un día se despertó y dijo: "Ok, este es mi nuevo papel, pásame el jabón olor lima limón y el trapeador"? o ¿fue una frase a la vez, una orden a la vez, un día a la vez?

Somos quienes somos o lo que nos dicen que debemos ser, un poco expectativa vs. realidad. ¿Cuánta energía dejamos ahí tratando de vivir para complacer a los demás?

Tengo muchas amigas que, cuando eligieron a su príncipe azul, estaban totalmente enamoradas, no sé si de ellos, tal cual eran, o de la idea de en lo que ellos se pudieran convertir y cambiar después de casarse con ellas. Entonces, ¿se equivocaron de príncipe azul o su fantasía del "Vivieron felices para siempre" logró que el personaje que crearon en su cabeza sobre su pareja superara por mucho a la realidad?

Me encantaría siempre ponerme en el papel de la víctima, de la "buena" del cuento, pero también es honesto reconocer que he sido el victimario muchas veces en este tema; por ejemplo, cuando estaba recién casada discutía constantemente con mi esposo (dicen por ahí que "Siempre es más fácil ver la paja en el ojo ajeno"), entonces usé muchísimo tiempo de esos primeros años en pensar que si él hiciera más ejercicio o comiera mejor o leyera más o x o y, él sería más feliz, él sería mejor. Me convencía a mí misma de que solo necesitaba un poco de motivación externa, y así todo estaría perfecto.

En algún tiempo me obsesioné y ya hasta parecía su *coach* personal o principal villana: lo llevaba a diferentes nutriólogos, lo acompañaba al *gym*; hacía que comprara libros, incluso hasta lo inscribí a cursos que a él ni siquiera le interesaban. Siempre me seguía la corriente, pero más por agradar que porque realmente se sintiera incómodo siendo el que es. Hasta que un día se hartó –y creo que aguantó bastante mi locura, jajaja–, y me dijo: "Yo sé, mi amor, que siempre puedo ser mejor, pero yo no soy un proyecto más, yo soy feliz siendo como soy. Ahora, ¿tú crees que puedes amarme por quien soy hoy, no por lo que crees que puedo ser?". Tómala, ¡qué fuerte!, me dejó helada. La reina del control inmiscuyendo las narices donde no la invitaron.

Y como dicen por ahí: "Tu pareja, tu espejo". ¿La que sentía que debía cambiar era yo?, ¿yo era la que me sentía una y otra vez como proyecto no terminado? Ese fue un claro mensaje para mí misma de "¡Ay, Dios!, pero qué…

por qué no me gustaba lo que veía en el espejo, por qué no podía solo repetir como decían los cursos: 'yo me amo y me acepto como soy, yo soy suficiente'". Suena simple y obvio; lo es para muchos, pero, para mí, en definitiva, no lo era.

Una vez más me veía interpretando un sabroso personaje de mi imaginación, y peor que madrasta malvada: "Espejito, espejito, ¿quién es la más hermosa del reino?". "Tú, mi reina... pero hay alguien más hermosa y es Blanca Nieves". Fue tanta la obsesión por validar lo que decía la voz que escuchaba afuera, que me olvidé de confiar en mi reflejo, y la opinión que di por válida fue la del "señor del espejo".

¿Quién te dice que no eres la más hermosa de tu reino, que tu propia belleza no es suficiente?, ¿cuál es el parámetro?, ¿por qué te comparas? Y lo peor de todo: ¿por qué no escuchas a tu corazón? Entendiendo que esa era la opinión del espejo (que como breviario cultural cabe saber que el hombre del espejo es el difunto padre del personaje), ¿por qué te comparas una y otra vez con la expectativa de los demás y sigues cambiando para darles gusto, para cumplir con un modelo socialmente aceptado?

¿Qué hubiera pasado si la madrastra le hubiera contestado: "¡Basta!, cállate, espejo amarra navajas, Blanca Nieves y yo somos diferentes, no necesita desaparecer para yo sentir que ahora sí soy hermosa, o dime, espejo, ¿cuál es tu plan? ¿es ir desapareciendo toda la 'competencia'?, ¿cuándo acabará esta historia? ¿Acaso jamás podría tener amigas?, ¿vería a todas como competencia a vencer?, ¿qué posible final tendría este cuento?".

Se me ocurren dos vertientes: o la madrastra se convierte en una loca vigoréxica, *workaholic*, *control freak*, y todos los excesos que hoy vemos en la exigencia a la mujer moderna, y termina con gastritis, colitis y todas las itis, frustrada, claro, porque siempre aparecerán Blancas Nieves alrededor, que destaquen en diversas áreas, porque aunque se esforzara muchísimo en imitarla, lo máximo que podría lograr sería ser una Blanca Nieves mediocre, o si usara esa misma energía en verse a sí misma, podría ser una madrastra malvada espectacular.

Luego entonces, ¿por qué conformarte con ser una copia chafa de alguien cuando puedes ser un modelo original extraordinario?

Ella, al no ser capaz de ver su reflejo, se la vivirá compitiendo una y otra vez, comparándose, desviviéndose, pensando que nunca será suficientemente hermosa o valiosa, que es necesario que a la otra le vaya mal, ya sea envenenándola con una manzana para mandarla a dormir o haciendo que "parezca un accidente", como lo quieras interpretar. Tristemente, este pensamiento está por más validado en la actualidad con un "qué competitivas son las mujeres, son bastante bravas entre ellas"; "¿ya viste a fulana?, es tan x o tan poco y, de seguro tuvo sus quevéres con el príncipe para que dijeran que era la más hermosa del reino".

Si me detengo un momento para pensar la locura que vivimos en intentar llenar el papel esperado, puedo ver en mi madriguera del Conejo blanco a tantas princesas y aparentes villanas cruzándose en la calle sin reconocerse siquiera, sin poder ver cómo cada una pasa a su lado viviendo su propio cuento, con héroes y villanos que se entrelazan e intercambian de roles varias veces entre sí.

Al cruzar algunas miradas, puedo reconocer a mis amigas atrapadas en el cuento de un matrimonio en el que ya no desean seguir, donde se sienten más prisioneras que princesas y en el que, con el tiempo, su luz se fue apagando y apagando; están reducidas a cenicientas, pagando derecho de piso, limpiando, trabajando, agachando la cabeza, con miedo a no obedecer o cumplir el papel ahora impuesto y a veces hasta dando más prioridad a "Lucifer, el gato mascota" que a ellas mismas.

No me malentiendan, no digo que tener tu hogar reluciente no sea algo digno y admirable, que para muchas es momento de gozo y felicidad (también hoy sé que parte de esa felicidad depende en gran medida de que haya una que otra criatura del bosque echando la mano, aunque sea para guardar la loza limpia, ¿no?), pero mi tema es más con el merecimiento: ¿cómo alguien destinada a ser pura luz queda apagada y enojada hasta con el reloj, que al inicio de la película suena para despertar a Cenicienta por las mañanas? Y así nosotras, personas envueltas en esta realidad, seguimos enojadas con el tráfico, con el horno que "nos quema" por accidente al sacar los bollitos; enfadadas con la vida misma, sin comprender que estamos enojadas con el escritor de nuestro propio cuento, o sea, con nosotras mismas.

En una ocasión, recibí una llamada de auxilio "código amiga": "Amiga, estoy tan triste que no puedo levantarme de la cama, ¿crees que puedas venir a mi casa a platicar?". En otras palabras: alerta, alerta. Tomé mis llaves y solo grité en la puerta de mi casa: "Amor, te encargo a los niños, necesito salir de urgencia; vuelvo en una hora... creo...". Llegué a su casa, me pasé y, para variar y tal vez pecando de imprudente, le pregunté a mi amiga: "Laura, pero no entiendo, ¿qué te pasó?". Me contestó: "¿Sabes?, ni siquiera yo lo sé, me veo al espejo y no puedo reconocer lo que veo, creo que no queda ni rastro de lo que era... No sé quién es esa mujer que veo en el reflejo". "Pero ¡cómo!, si tú eras la mujer más feliz que yo conocía, siempre echando broma, siempre segura, entaconada, partiendo plaza, con ceja levantada sabiendo que el mundo no te merece, no puedo dar crédito a que hoy me digas que estás aterrada de salir de tu casa, de este matrimonio; que estás harta de sentirte inútil, de sentir que solo eres la muchacha del aseo de tu casa, que todos y todo están primero que tú. Pero dime cómo pasó, cuándo pasó".

Siendo honesta, cuando escuchas ese testimonio, hay una línea delgada entre la empatía y la preocupación de si a ti te puede pasar lo mismo o si es una señal de alerta y deberías de preocuparte y analizar tu caso personal, pero logras recuperarte y salir del ensimismamiento para regresar tu atención a los ojos de tu amiga, que está por compartir su historia con el corazón abierto.

Recuerdo esa tarde estar sentada con ella en su terraza, una terraza hermosamente decorada, con figuras de Buda, sonido de agua cayendo de una pequeña cascada para un ambiente muy zen, una mesa llena de ricas botanas, perfectamente elaboradas, y con dos copas de vino tinto, un escenario aparentemente cordial y listo para echar chisme en el castillo de princesas. ¡Perfecto! Volteé a verla. Ella estaba color gris. No sé cómo explicarlo, como si todo estuviera a colores a su alrededor, pero el caricaturista hubiera olvidado colorear su personaje y la hubiera dejado en escala de grises.

La princesa blanco y negro estaba con las piernas arriba de la silla, abrazadas contra su pecho, sus ojos hinchados y con mucha impotencia tratando de contener las lágrimas, entonces Laura me dijo: "Fue un día a la vez, amiga, una frase a la vez, empezó con un trato: 'Qué tal que dejas tu trabajo y cuidas a los niños, yo prometo ponerme las pilas como el proveedor del hogar'". Eso sonaba bastante lógico, por lo que aceptó.

Un día a la vez, la convencieron de que ella no era la dueña de la casa, como Cenicienta, que su labor era ir al banco, limpiar los pisos, hacer la comida, atender a la mascota y callar. Eso no está mal, lo que me llena de tristeza es que también le dijeron e hicieron sentir que ella no podía ser su prioridad nunca, solo si le sobrara tiempo, si sobraba dinero después del gasto, porque para qué comprarle cosas bonitas si ella solo estaría en la casa. Ahora era tiempo de invertir en el coche y ropa del marido, para que él cerrara más negocios. Ella podía esperar. Y eso pasó, esperó y esperó y esperó.

Se despertó cada día esperando, y sin saberlo, guardando un poco de enojo que había decidido no contar, no decir, y mejor cantar en lo que limpiaba el piso de su castillo perfecto, escuchando el correr del agua en su cascada zen; hasta que un día, sin más, dejó de cuestionar una sola vez si esa era la vida que ella había soñado tener.

Yo solo la escuchaba y tomaba su mano, luego cuestioné: "Y me supongo que hablaste con él. Le recordaste que eran familia, que eran equipo, le explicaste que no eras feliz con esa situación". "Sí, amiga, claro, cientos de veces". Pláticas que se convierten en promesas de cambio: "Si terminas tus labores podrás asistir al baile". Tal como decía la madrastra del cuento de Disney. Pero aun haciéndolo, al final nunca era suficiente. "Cuando le expresaba que estaba molesta, me decía que estaba loca, que era una exagerada y ¿sabes qué?: al final lo creí con todo mi ser", dijo mi amiga.

Laura, al igual que nuestra princesa de vestido azul, jamás cuestionó su situación, porque, seamos realistas, si Cenicienta sabía hacer de todo: cocinaba, limpiaba, criaba animales, mantenía los establos en orden y además hasta modista resultó, sabía confeccionar vestidos de materiales reciclados (hubiera sido un *hit* en esta época), entonces, ¿por qué no agarró su maleta y se fue a poner un hotel *boutique* de lujo en una aldea cercana? ¿Sabes por qué?

Porque ya había entregado todo su poder. Había preguntado tantas veces: "Espejito, espejito, ¿soy valiosa?", y el espejo, con el reflejo de su madrastra, le había contestado tantas veces que no, que ella creyó que ese era el reflejo real. Y así entregas todo tu poder al qué dirán los demás.

Ese poder personal, Cenicienta jamás lo recuperó, dejó que su madrastra y hermanastras le dijeran quién era, esperó y esperó que alguien externo la salvara, ya fuera el hada madrina o un príncipe que fuera el que le dijera: "Tú, desconocida, la del pie chiquito que embona perfecto con el papel, ahora eres merecedora de mudarte al castillo". ¿Neta, Cenicienta?

Yo sé perfectamente lo que se siente ser una princesa en escala de grises, es esa duda constante en tu cabeza de si lo estás haciendo bien, si las demás princesas fallan de la misma forma tan catastrófica como tú, y simplemente no lo dicen. Cuando te das cuenta de que ya no sabes si queda rastro de lo que eras, cuando ya ni siquiera te molestas en ver realmente el espejo, porque has decidido que no te gusta lo que ves, ni tu cuerpo, ni tu cara, nada, estás a nada de tirar la toalla, y te cuestionas una y otra vez si podrás seguir luchando por alcanzar lo que crees que se espera de ti.

Cuando me convertí en mamá primeriza, yo pensaba que sería una tarea fácil de llevar, además, ¿qué tan complicado podría ser? Ya era socia y dirigía una empresa desde los veinticinco años, seguramente coordinaría perfectamente una casa con un bebé. Pues ¿qué tendría de retador? Pero la verdad fue ATERRADOR, jamás pensé por todas las cosas que mi alma tendría que pasar en esos primeros años.

El sentimiento lo podría describir como "princesa en blanco y negro". Me comparé millones de veces con las amigas cercanas que estaban siendo mamás y le preguntaba al espejo una y otra vez: "Espejito, espejito, ¿será que soy tan mala mamá?"; "¿Por qué las otras Blanca Nieves sí pueden llevar en rebozo a sus bebés, lactar como diosas y salir relucientes en las fotos que suben en las redes?". Yo sentía que me esforzaba y me esforzaba pero, cada vez más en el juego de "expectativa contra la realidad", perdía catastróficamente la batalla.

Sentía que no daba el ancho para el papel, así que empecé a escuchar mucho más las voces de afuera que la mía, poco a poco me fui creyendo, como Cenicienta, que mi princesa había cambiado de cuento.

¿A qué quiero llegar con esto? A que de seguro dirás: "Obviamente, querida escritora, me doy cuenta de cuántas veces he entregado todo mi poder a merced de la opinión de los demás, pensando que si los pongo primero, si estoy siempre para servirles, ayudarles, aunque no deje tiempo para mí, que si contesto lo que esperan, me visto de cierta forma, hablo de algún modo en particular, entonces ganaré el ser merecedora de vivir en el castillo".

Pero ¿qué creen? Y aquí va una confesión: he aprendido con el tiempo y después de uno y mil madrazos y decepciones con mi expectativa-realidad, que no, que hay que poner límites, el no hacerlo solo implica que te vuelvas gris.

Cuando somos pequeños somos felices con lo que somos, nos amamos y ni siquiera dudamos de eso. Mi hijo

Luca, de dos años, me da grandes lecciones. Él es feliz con su cuerpo, lo explora, lo disfruta, se reta a hacer cosas nuevas, escalar sillones, intentar brincar, correr lo más rápido que puede; él se disfruta, jamás se pregunta si es listo, él sabe que lo es, o si es hábil, él sabe que lo es. Él tiene todo su poder con él mismo. Él cree en él, se ama y está dispuesto a desquitar su botarga de humanoide con toda la intensidad. Creo que le da "Una pura y dos con sal", como dicen en Sinaloa, lo que los demás piensen de él. Qué chulada, ¿no?

Eso es ser una persona que vive a colores y no ponerse a merced de la opinión ajena sobre si es merecedora de algo, o si puede o no hacer algo; si está destinada a ser la dueña del castillo o a limpiar los pisos. Entonces, ¿en qué momento entregamos ese poder, nuestro color? Yo, honestamente, cada día estoy más decidida a ser, con gran orgullo, una versión extraordinaria de la original Alma Delia Cárdenas , no una versión imitación chafa de la figura femenina de moda.

La caja de lápices de colores está en mí. Quitar la escala de grises de mi personaje me corresponde a mí. La responsabilidad es mía, no del hada, no del príncipe, no del arrepentimiento de la madrastra o villana en turno. La única que me abrirá las puertas del castillo soy yo. Se trata de regresar a mí, porque ¿quién puede ser más amorosa conmigo misma que yo?, ¿quién podrá levantar la voz más fuerte que yo misma para decir "me amo"? Yo soy merecedora de las llaves del reino, yo soy la que decide si limpia, si canta, si baila o si es amiga de los ratones.

Recuperar todo mi color para verme al espejo, dejar de cuestionar si soy hermosa, fuerte o poderosa y adoptar la seguridad de Juanga, Rey de la canción: "Ay, mija, lo que se ve no se pregunta".

LA AMAZONA

En el fondo de una inmensa oscuridad y silencio, escucho la alarma del celular sonar, y de forma inevitable empieza mi cabeza a repasar una interminable lista de cosas que hacer en el día. "¿Qué rutina de ejercicio hay que hacer hoy?"; "¿Deberé ponerme shorts?"; "No, no, hoy nos toca la rutina de correr, parece que hace frío, un *legging* completo estará mejor, sudadera y gorra, ok"; "De desayuno, ¿algo con pan?, sí, puede ser. No, no, no, pan no, porque en la comida queremos usar tortillas"; "¿Con quién me toca tener videollamada hoy?"; "¿Nos vestimos de rojo o será muy agresivo para la sesión de *coaching*?". Y en fracción de un segundo se cruza por mi cabeza una pequeña y algo aguda voz que dice: "Me voy, me voy, es tarde ya, ya son más de las tres, me voy, me voy, es tarde ya".

Un día más como el Conejo blanco de Alicia, sintiendo que ya voy tarde, aun cuando no he abierto los ojos para empezar el día en el mundo real, ni he bajado siquiera los pies de la cama para saber que el día ya comenzó, esos fugaces minutos que son divididos por una línea delgada entre el sueño y la realidad, donde podríamos realmente

Colorín colorado... la princesa ha despertado

preguntarnos cuál es cuál, qué tan real será el día que está por comenzar. Pero ¿quién nos dice que al abrir los ojos no caemos realmente dentro de la madriguera del conejo? Un día más pensando en la posibilidad de que este sea el país de las maravillas, lleno de personajes e historias. Aunque, sin irme más lejos, he pensado que yo misma puedo ser muchos personajes, viviendo millones de posibilidades y cuentos a la vez.

Hay algunos días en los que la dulce princesa pide que su historia sea contada; es una de esas mañanas, sí, esas mañanas, que algo dentro de ella le dice: "Este día será… rosa". Sí, como en un cuento de niñas. Tú eres esa princesa y entonces despiertas y casi casi puedo jurar que escuchas los pájaros cantar en la ventana, te estiras con delicadeza cual Blanca Nieves, que se levanta con toda inocencia, súper casual y sin asustarse por ser observada por siete hombres de dudosa estatura mientras dormía. Decides vestir mucho más femenina, agradeces la vida, tus pies, el agua que sale de la regadera, cantas un poco y decoras un desayuno perfecto, con una pizca de amor. Esos días eres toda ternura y nada parece alterar tu paz. El amor propio te parece una práctica milenaria y cuestionas por qué hay tantos cursos, talleres, sermones y terapias que tienen por objetivo recordártelo. ¿Cómo? Si amarte a ti misma es lo más natural, ¿no?, ¿cómo no amar a este bombón?

Cuando estás en el país de las princesas siempre existirá una premisa en tu cabeza: tú eres la buena de la historia y todo lo que digas y hagas se ha hecho con la mejor intención. ¿Te suena a algo como "Te lo digo por tu bien"; "Un consejo te doy porque tu amiga soy"? La gran encrucijada de tener un día de princesa es que muchas veces necesitarás encontrar a tu villano, a tu némesis, esa bruja que combatir para demostrar tu superioridad disfrazada muchas veces de inocencia: "No sé por qué me pasan estas cosas a mí, por qué la vida me da estos problemas si soy taaan buena persona, por qué a mí y no a ella que se porta mal"; "¡Pero si ella es la bruja!". ¿Te suena?

Personalmente, visito poco este cuento; siempre ha sido una batalla para mí adoptar este personaje que espera a que alguien venga a rescatarlo. Pero no me malentiendas, claro que me gustaría que me ahorraran unas cuantas batallas; digo, si alguien lo pudiera hacer por ti, pues mejor, para evitar la fatiga, como decía Jaimito, el cartero, pero la verdad es que el aceptar que venga el caballero montado en su corcel... No lo sé, Rick, parece falso. Eso, para mí, implica muchas cosas y la primera es aceptar mi vulnerabilidad.

Vulnerabilidad es una palabra muy importante en el cuento de mi vida. He pasado años y años o páginas y páginas haciendo y deshaciendo cosas para evitar sentirme vulnerable. La palabra me sonaba... mmm... como debilidad, como "Oh, pobre de mí, damisela en peligro, ¿qué será de mí y mi suerte? Y ahora, ¿quién podrá salvarme?". Pero ¿qué pasaría si en realidad no hay nadie que venga a salvarte o no por lo menos de la forma que esperas?

Entonces decidí visitar un cuento que creí tendría mucho mejor final. ¿Qué tal si en lugar de ser una princesa "vulnerable" en espera de ayuda, te cambiaras de bando?, ¿qué sería más fuerte que una princesa? Mmm... Exploremos.

Si la forma en la que imagino ser rescatada del aparente dragón de mis sueños es por un ser con armadura que monta caballo y no le tiene miedo a nada, pues ¡ya sé!, ¡bingo! una amazona. Obviamente, la imagen que viene a mi cabeza para recrear mi cuento es la de la *Mujer maravilla*, ama y señora de las amazonas: fuerte, valiente, decidida, y además, como extra, con un cuerpazo, que no se le despeina ni un solo cairel mientras cabalga a su destino.

¿Te parece exagerado? Yo creo que no. ¿A cuántas princesas de corazón conoces, cantando al cocinar el desayuno, que han decidido tomar su propia batalla en sus manos y montar su caballo para ser autorrescatadas? Solo que si estamos con los lentes del mundo humanoide, difícilmente las veremos vestidas de amazonas, pero qué tal en un traje Chanel, con unas gafas de sol envidiables y unas zapatillas de diseñador, conquistando terreno laboral, abriéndose camino en nuevas tierras como vivir solas, ganar más dinero, no tener miedo de decir lo que piensan, quieren y merecen, cambiando cosas importantes en el mundo.

Pero es chistoso, porque los humanoides no hemos podido aprender a aceptar cada criatura mágica como es, sin tener que cuestionar por qué esta linda amazona no se comporta como Blanca Nieves. Imagínatelo por un segundo: ¿qué pasaría si la mujer maravilla se despertara en la cabaña de los siete enanos y al abrir el ojo los viera observándola? ¡Ay, Dios!, está de más describir la escena.

Tristemente, pensar que ese día despertaste y pusiste los pies en el suelo en el cuento de una amazona implicaría representar un nuevo papel: la mujer que es fuerte, determinada; pero si buscas un poco, probablemente, la mujer que vivió sola. Estuve leyendo un poco al respecto de la historia de las amazonas, y me llamó mucho la atención que cuenta la mitología griega que se cortaban el pecho derecho para poder ser capaces de usar el arco con más libertad y ser invencibles en la batalla. Esto me llevó a pensar inmediatamente cuántas veces he tenido que renunciar a una parte de mi feminidad para poder conquistar un mejor territorio en una batalla laboral, personal y social. Suena sádico al puro estilo de Medea, sádico, lo sé, pero tómate un momento para pensar cuántas veces tuviste que portarte un poco menos princesa, menos femenina, menos tierna, menos delicada, menos falda y escote, más pantalón con colores oscuros, más cabeza, menos emoción, porque parecía que eso era lo necesario para sobrevivir con éxito en el campo de batalla.

Había mujeres hermosas montadas en su majestuoso corcel con la libertad de cabalgar a su paso, pero ¿qué creen? Eso no gustó en Troya, y sigue sin gustar ni en México ni en el mundo, pues, una y otra vez, estas mujeres son enjuiciadas, mutiladas, en otros cuentos quemadas en la hoguera por miedo a su magia, o destinadas a cabalgar solas para ser lo que ellas han decidido ser.

¿Será que tanta libertad pone a temblar a los guerreros griegos?, ¿será que en algún momento podrán coexistir los personajes de diferentes cuentos en paz? Porque, seamos realistas, no solo es la batalla con el guerrero griego, ¿qué tal que regresamos a nuestro día de princesa y sacamos de la hoguera a la que condenamos como la bruja del día para así despertar una nueva mañana en Villa Malvada, sí, ese cuento donde al bajar los pies de la cama ahora tú eres la villana de alguna princesa o príncipe no tan lejano a tu reino? Te has visto enjuiciada en alguno de esos días donde cuentan las historias de la aldea, o sea, de tu barrio, trabajo, o club social, sobre las hazañas de la malvada bruja que hizo o deshizo a su merced para conseguir lo que ella consideraba le pertenecía por derecho divino, o simplemente porque era parte de su trabajo o de su propósito, y no necesariamente lo que unos consideran correcto, la verdad absoluta, porque cada historia tiene su lado del cuento. Pruébalo por un microsegundo si es que no te da miedo ser condenada a las puertas del Infierno.

¿Por qué le tememos tanto a ese lado de nosotras mismas, ese lado del espejo donde no necesariamente escuchas a los pajaritos cantar en la ventana, esas mañanas donde al parecer eres mucho más cruel, deja tú con los demás, contigo misma? Como por ejemplo: "Sí, lo sabía, no debí haber cenado tacos ayer". Pero ahí estás de "Me vale mi metabolismo de señora"; "¿Será posible que hoy nadie me hable o moleste?". Entonces sale esa sombra, esa que vivimos negando con todas nuestras fuerzas, hasta que explota como olla de presión, con un grito mudo de "Sí, también tengo algo de bruja malvada, y no es del todo aterrador". Esta bruja malvada es la que muchas veces te da el coraje y la valentía suficiente para emprender el siguiente desafío. Dime que no te la imaginas jugando tu mejor partida de ajedrez para lograr que tu plan se materialice. ¿Qué?, ¿que nunca lo has pensado? ¡Ay, por favor! Yo soy todos los personajes de cuentos en un alma que solo busca divertirse y aprender a vivir en su historia sin fin. ¿Sigues pensando que la tierra que pisas es real?

¿Qué cuento has decidido abrir el día de hoy? Porque estoy segura de que una mañana, al abrir los ojos, podré ver la realidad fuera de la madriguera del conejo o tal vez me dé cuenta de que parte del propósito es atravesar el espejo para mirar la realidad ordinaria con unos ojos diferentes.

Puede que no lo hiciera por mi padre, puede que lo que quisiera era demostrar que podía hacer cosas para mirarme en el espejo y ver a alguien de valía.

Mulán

MULÁN

Érase una vez una niña en un país nada lejano llamado México, que disfrutaba del calor del sol, el viento en la cara y la sensación del lodo en las manos. En ese momento nada parecía más importante que la incógnita de quién sería el ganador en la carrera de cochinillas, que se disputaba de forma reñida en la pista hecha con tierra y agua al lado de la zona de juegos. Era uno de esos días donde un simple insecto podría convertirse en un piloto de Fórmula 1, y esa era la carrera del siglo.

En ese entonces, jamás cuestioné si ese era un juego apto para niños y no ideal para niñas, porque, ya sabes, tierra, mugre, insectos y niñas no se llevan bien; ni qué decir de competir en tu bicicleta para conquistar la rampa hecha con un montón de tierra de un baldío en la

Colorín colorado... la princesa ha despertado

calle, que, he de confesar, era más complicado de lo que parecía a simple vista. Desde entonces, algo al parecer inexplicable me gritaba en mi interior: "Si ellos pueden, ¿por qué tú no? ¿Cómo de que no?". Particularmente, esa hazaña me costó una llanta chueca de mi amada bicicleta color lila, la muerte inevitable del timbre en forma de campanita que tenía en el volante y unos cuantos moretones en las piernas, pero eso sí, con el orgullo del deber cumplido y la frente muy en alto al voltear a ver a mis amigos de la callecita por haber logrado la conquista.

Se vienen a mi mente incontables aventuras, muchas terminadas en accidentes cuando alguien me decía que no podría hacer algo porque era niña. Recuerdo que en una ocasión nos metimos a escondidas a una casa en construcción donde mi amigo Rodrigo tomó un palo de madera que tenía unos cuantos clavos enterrados con cierta separación, el reto por vencer consistía en brincar entre los espacios seguros, esquivando los clavos. Cuando fue mi turno, no se me olvida que por dentro me sentía con un poco de nervios y mucho miedo por la hazaña, pero desde entonces ya había decidido que nadie debería enterarse de que ese sentimiento existía en mí: más valía la frente en alto que dar la razón a mis amigos de que por ser niña no podría lograrlo, así que, envalentonada después de la frase "Uy, a ver si las niñas pueden", ahi voy, terca cual mula desbocada queriendo defender el honor y... ¡trácalas! Lo que sí tengo vívidamente es esa sensación de calor en mi pie.

¿Sabías que un clavo puede atravesar la suela de tu tenis y llegar a la planta de tu pie? Pues sí, sí se puede, y también hoy sé que la siguiente escena es engalanada por diez inyecciones para prevenir el tétanos y con la voz de mi papá de fondo: "Ayyy, Bebo, más vale prevenir que lamentar, no se te vaya a caer el pie", cosa que, al venir de mi papá, yo juraba que era verdad.

Pareciera que cada que alguien decía la frase: "una niña no puede" sonaba la canción de Mulán de fondo de "Hoy la lucha empieza, esa es la misión…". Poco me faltaba para querer pintar marcas de guerra en mi cara. Me prendía más rápido que la luz de bengala. No podía entender por qué ser mujer significaba estar en desventaja, ¿qué era lo que le daba a un niño el derecho ganado de ser más fuerte o más ágil?, ¿por qué sentía todo el tiempo que tenía que demostrar lo contrario?

¿Ser mujer significaba entonces ser débil; demostrar miedo, duda o querer llorar?, ¿mejor daba por perdida cualquier batalla? Ese tema siempre me molestó. En algún momento empecé a pensar que alguien quisiera protegerme por ser "caballeroso"; en lugar de tomarlo como un halago, lo interpretaba como un: "Creo que me estás subestimando, no necesito ser salvada".

Pasé muchísimos días de mi infancia dedicados a intentar demostrarme que era capaz de hacer cualquier cosa que me propusiera, así sonara descabellado, solo necesitaba renunciar a unas cuantas cosas de mi niña color rosa, que por el momento parecían estorbar más que ayudar.

Así que fui formando ciertas reglas para mi manual de supervivencia, algunas como:
1. Procura usar zapatos cómodos. Nunca sabes si hoy tienes que entrar a un todo terreno.
2. Llorar en público no está permitido. Eso dejaría al descubierto que somos niñas (como si fuera la única pista y fuera malo).
3. Si algún sentimiento de miedo, duda o terror absoluto se apodera de ti, finge que no está pasando nada y da una respuesta lo bastante intelectual para dejar confundido al enemigo.
4. Perder o no lograr la hazaña jamás será una opción, primero dejarás la vida en el intento.
5. Dominar por completo el botiquín de primeros auxilios para poder curarte los raspones y golpes sola en el baño, que si mamá se da cuenta así te va a ir por andar de valiente en juegos que no son "adecuados para las niñas".

Poco a poco y con el pasar de los años, parecía que mis habilidades para desarrollar actitudes aplaudidas en un hombre me servían para abrirme camino: más cabeza, menos corazón. Al poner una meta clara, no habrá nada que evite que la logres.

Parecía un plan perfecto y, para ser honesta, me ayudó por muchos años para lograr cosas que iré contando más adelante, pero el precio de hacerlo, hoy lo creo, es bastante caro.

¿Por qué recibimos el mensaje de que deberíamos convertirnos en lo que no somos para poder honrar a nuestro clan? Pienso en la historia de Mulán, alguien que sentía que no cabía en el estereotipo esperado para una mujer china de su tiempo: debía ser sumisa, leal, obediente, recatada al hablar, hacer, pues, todo lo que traería honor a su familia al ser desposada por un hombre lo suficientemente digno de darle lo que necesitara.

¿Te parece exagerado? Pues no lo es, sigue sucediendo. ¿Cuántas amigas no vi estar desesperadas porque el novio les entregara un anillo, aunque fuera el de promesa, porque ya habían cumplido el requisito que la casamentera moderna ha puesto en la mesa para ser "digna" de desposar a un galán? Las jaulas de oro se construyen una y otra vez con la promesa de hacer lo que dictan las buenas costumbres.

Obviamente, intenté en algún momento entrar en el estereotipo, tener un noviazgo con el galán popular de la adolescencia, verme linda, sonreír y asentir con la cabeza, pero, la verdad, me duraban pocos los modales de ser sumisa; cuando me pedían no dar mi opinión o mantenerme al margen porque ese no era tema para mujeres, yo simplemente buscaba desesperada la forma de salir de ahí.

Ahora me viene a la mente un novio que tuve en la universidad. Un día fuimos a visitar a sus papás, ya que era de otra ciudad al igual que yo. Durante la cena, su mamá, muy orgullosa, voltea y me dice: "Almita, cuando te cases con mi hijo, deberás cocinar un platillo diferente para cada miembro de tu casa; por ejemplo, a mi esposo no le gusta la cebolla, y a mis hijos, sí, entonces hay que darles gusto, no habrá nada más satisfactorio que recibir a tu esposo en la puerta con sus pantuflas en la mano para que pueda platicarte cómo le fue en el trabajo en lo que preparas la cena". ¿Que qué? Me quería morir. ¿Alguien me había encerrado en un capítulo de una serie de los años cincuenta? Pues no, era súper real, y así de real busqué las llaves para escapar de esa jaula de oro; salí corriendo lo más rápido que pude, mis amigos cercanos me preguntaron varias veces por qué había terminado si era tan buen muchacho. Aquí tienen la respuesta. No creo que nadie deba pagar el precio de su libertad para garantizar encajar en lo esperado.

Cuando llega el momento en el que Mulán debe decidir honrar a su familia de una forma totalmente diferente, rompiendo por completo cualquier expectativa de su clan, una "reparadora" (dirían en epigenética), a la cual representan de la manera más cómica en el santuario de sus antepasados, decide que Mulán tiene toda la capacidad de ir a luchar en la guerra en lugar de su padre, para así salvarle la vida, aunque por un tiempo tenga que ponerse la armadura de hombre.

¿Cuántas de nosotras nos hemos puesto esa armadura para ir a la guerra en un mundo donde parece no haber tregua para conquistar la victoria en piel de mujer?

HOSPITAL

Estoy escribiendo esto mientras vamos camino al hospital. La verdad, no dormí mucho anoche, me asaltó el sentimiento de, cuando era niña, ese día anterior a entrar a clases, cuando me acostaba con una mezcla de emociones entre la alegría de regresar a la escuela para ver a mis amigas y el nervio de quedarme dormida o de conocer a la nueva maestra. Esa combinación entre lo conocido y la aventura de lo inesperado.

Ayer tuve una de esas noches. Nuestro doctor, quien ya se había convertido en el doctor familiar, uno de los más amorosos y humanos que he conocido, nos había explicado que nos esperaría para entrar al quirófano a las siete de la mañana, por lo que era importante llegar con tiempo para ser ingresados en el hospital y hacer todo el papeleo: "Descansa bien, Almita —me dijo José Luis—, porque nunca volverás a dormir igual". ¡Qué razón tenía!

Yo me acosté llena de nervio y emoción, dejé lista nuestra maleta con todos los *tips* y consejos que había recibido de mi mamá y mi hermana. De entre ellos, el que más se había grabado en mi mente era llevar un cambio de ropa cómodo y de maternidad: "Porque cuando nazca

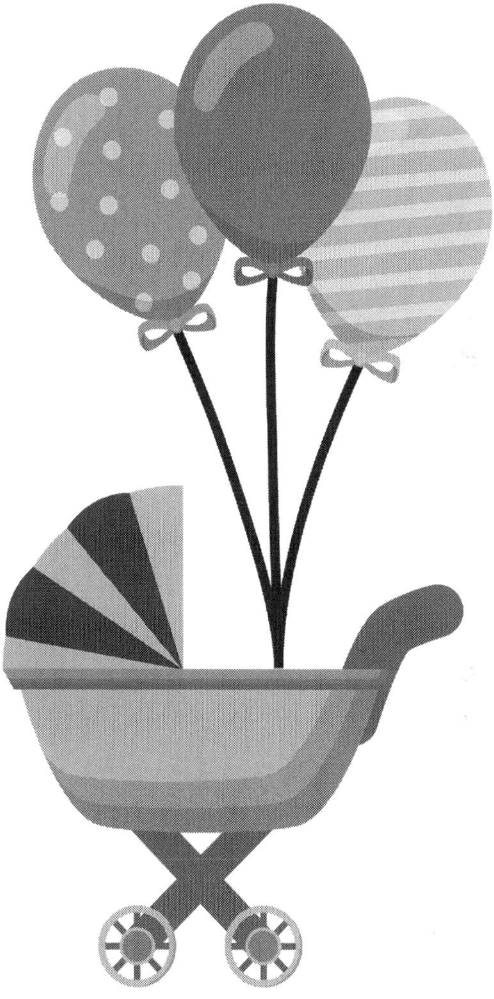

tu bebé, tu cuerpo aún se verá como embarazado". Escuché la frase en voz de mi hermana dentro de mi cabeza. Esa fue de las primeras cosas que me causaron gracia, ya que yo imaginaba que en cuanto Leo dejara mi cuerpo, pues ¡ya está!, como magia me desinflaría como globo. Con franqueza confieso que de eso pedía mi limosna, ya que para esas alturas me agotaba con solo subir dos escalones, ni rastro quedaba de la condición física de aquella mujer que solía hacer ejercicio mientras cantaba a todo pulmón.

Pasé toda la noche en vela, imaginando lo maravillosa que sería mi vida en ese nuevo despertar, escribiendo mi cuento de hadas, basado en todas las historias que me habían contado que sucederían. Yo estaba súper segura de que ni siquiera sentiría dolor, porque, ya sabes, el hombre, la evolución y Dios bendiga al creador de la morfina.

Me imaginaba entrar radiante, sonreír en la foto y conocer al amor de mi vida. "Nos reconoceremos enseguida", pensé, sonreiremos, bailaremos de alegría como dos seres que estaban destinados a encontrarse y en máximo una hora o dos, según las especificaciones del doctor, estaríamos como si nada, riéndonos en el cuarto del hospital. Ya sabes, como Blanca Nieves, o cualquier princesa de cuento, cantando en el pozo por la llegada del príncipe azul, con pajaritos y flores. Todo sería perfecto. Ella describe a detalle lo que sucedería, en su cuento rosa, rosa, rosisísima. Obvio, nadie le dijo nada de brujas, manzanas o de que al siguiente día estaría atravesando el bosque encantado de noche, con sombras de árboles que parecen monstruos aterradores, antes de cubrirse de luz, antes de conocer a su gran amor.

El sonido del tic tac del reloj en el buró me regresó a la realidad. Tarde se me hacía para abrir el ojo, por lo que decidí empezar el día lo más temprano posible. Me arreglé para asistir a mi cita a ciegas, me alacié el cabello y maquillé: quería verme divina para nuestro encuentro. Recuerdo despedirme de mi esposo en la puerta del quirófano, donde, como lo imaginé, sonreí para la foto de las redes, con los pulgares arriba: "Nos vemos adentro, amor", exclamé emocionada; él se fue feliz a vestir, era la ocasión perfecta para disfrazarse de cirujano.

Y ahí voy con toda la actitud ganadora de la hora prometida. ¿Qué podía pasar? Además, ya había estado en quirófanos antes, aunque en intervenciones de temas de salud. La gran diferencia es que en las experiencias anteriores había entrado prácticamente dormida. Cabe aclarar que, durante la hermosa espera, me permití que fuera muy dulce, exageradamente dulce, tan dulce que no escatimé en dejarme llevar por cuanto antojo se me pusiera enfrente, como unas empanadas de cajeta de la tienda de la esquina, que al cabo no hay embarazada que no se vea tierna; además, decían por ahí que lo bajaría con la lactancia, así que para ese día mi dulce cuerpo y yo llegamos con veinticinco kilos arriba.

Cuando entré al quirófano, me dijeron: "Señora, hágase bolita". A lo que contesté: "Pues ya estoy bolita, doctor, ¿qué no me ve?", haciendo gala de la burla propia, costumbre aprendida en mi hermoso Sinaloa. Y entonces me pusieron la epidural. ¡Ay, Dios mío!, fue la primera pista de que ese no iba a ser el cuento de hadas que había imaginado. Tan solo con escribir esta línea puedo volver a escuchar mis caderas abrirse y crujir. ¡Qué impresión! Ahí estaba mi cuerpo, mi dulce y amado cuerpo abriéndose paso para dar vida, con todo lo que tenía, con la mezcla de miedo, amor y un "Dios de mi vida, ¿pero qué está pasando aquí?".

Estaría increíble decir que fue un viaje a Disneylandia, pero ni la más alta montaña rusa se compararía al sube y baja de emociones que viví ese día. La verdad, para mí fue un *shock*. Recuerdo no dejar de temblar, sentirme totalmente impotente e incómoda al haber sido amarrada en la cama de operación en forma de cruz. Solo pensaba: "¿Pero por qué me amarran?, me voy a portar bien, lo prometo". La anestesióloga me decía: "Por tu seguridad, para que no te muevas". Y yo: "¿Cómo?, si no dejo de temblar". La verdad estaba sumamente asustada, yo quería ver a alguien a los ojos. ¿Dónde estaban los ojos de mi doctor? Por un momento, sentí que perdía humanidad. "¿Desaparecí y nadie se enteró?". Caí en pánico, empecé a hiperventilar, estaba muy asustada, aterrada, recuerdo sentir que se me iba el aire.

Fue uno de esos momentos, que más adelante experimenté con más frecuencia, en que sientes que te desdoblas de tu cuerpo, que puedes observarte desde arriba, como si estuvieras flotando y pudieras ver toda la escena como si fuera una película. Después, mi mente y el pánico que sentía me repetían: "No quiero estar AQUÍ, no quiero estar ASÍ", y cuando no dejaba de temblar con un frío infernal, de pronto sentí paz, sentí que alguien me regresaba con su mano, una sensación cálida en mi mano, había llegado Juanpa, mi esposo, al quirófano, y no dejaba de sobarme la mano, el cabello y decirme: "Vas muy bien, amor, todo va muy bien". Ahí empecé a regresar un poco a la calma. Volví a escuchar las risas de los chistes y bromas que intercambiaban el doctor y mi esposo.

Entre el olor a carnitas asadas y la impaciencia por querer ver algo en el reflejo de la lámpara del quirófano, escuché por fin la voz de quien tantas veces había soñado, por fin mi príncipe azul se abría paso cantándole a la vida. Yo expresé emocionada: "¿Cómo está Leo, amor?, ¿lo ves? Ve con él". Solo escuchaba que los doctores se movían de un lado al otro, y volteé a ver un pizarrón blanco en la pared que decía 8:01 a. m., 2.800 kilos. ¿Cómo? Si siempre me dijeron que venía enorme, de casi cuatro kilos, ¿qué paso? "Amor, ve con Leo, que sepa que estamos aquí, que no se sienta solo. ¿Está completo, tiene sus piernas, sus manos?". Juanpa me gritaba: "Sí, amor, todo perfecto". Yo me moría de ganas de verlo.

Por fin, por fin, lo acercaron a mí y pasó justo como en mi sueños: nos vimos, nuestras almas se reconocieron, sonreímos con el corazón, le dije "Bienvenido, mi vida, te amamos" y después se lo llevaron.

Luego de algunas horas me empecé a recuperar ya en el cuarto del hospital, y ahí llegó mi segundo *round* con lo que describiría como "pánico". Pasaban las horas y aún no llevaban a nuestro bebé al cuarto, cuando vi entrar a Juanpa al cuarto y con su cara pálida me dijo: "Amor, dicen los doctores que no te diga para no alterarte, pero creo que debes saber, parece que viene con los órganos espejo, o sea, todo está del otro lado". ¿Has sentido cómo se te va la sangre al piso? Bien, había dicho el doctor que esa sería una noticia que me alteraría, bueno, a cualquier madre, ¿no? Juanpa confirmó: "Pero, bueno, que no están seguros aún, que le harán estudios". Yo empecé a ponerme muy nerviosa otra vez. Al poco rato llegaron y me dijeron: "Ah, no, fue un error, todo normal". Respiré, y cuando empezaba a calmarme, ¿qué creen? Entra de nuevo y me dice: "Que lo que sí es que tiene hipospadia, una malformación del conducto urinario, que requerirá una operación unos meses más adelante".

¿Que qué? ¿Cómo? Todavía no me lo traen, lo he tenido un minuto en mis brazos y ya me dicen que lo tengo que operar. ¿Qué está pasando? Esto era peor que pasar el bosque encantado, lleno de incertidumbre, de sombras, de imaginación, y no de la bonita, sino de la que convierte un suéter colgando de la silla en un monstruo en tu habitación. ¿Qué había pasado? Esa mañana yo me imaginaba rodeada de flores y pajaritos cantando en la ventana.

Por fin, después de algunas horas lo vi llegar al cuarto en su carruaje. Bueno, bueno, en una cuna de hospital con llantitas. Mi mamá lo sostuvo en sus brazos y me lo entregó.

Aaah, mi Leo. Suspiré, respiré. Leonardo, corazón de león, tu nombre hacía gala al ver tus ojos: amor a primera vista. Solo bastó una mirada, una sonrisa, un suspiro para saber que mi amor por ti sería eterno. No estaba segura qué tipo de aventura, odisea o cruzada estábamos por vivir, pero de lo que sí estaba segura era de que en este cuento que acababa de empezar yo estaría contigo para enfrentar cualquier dragón, cualquier mundo, cualquier vida.

Colorín colorado... la princesa ha despertado

MIKA

Pasé muchos días imaginando tu llegada, como niña que sueña con un "Vivieron felices para siempre", sin cuestionarse jamás qué pasaría al siguiente día de que llegara el príncipe por ella y se marcharan sin mirar atrás, cabalgando juntos hacia el horizonte. Algo así creí. Meses y meses donde el único sueño en mi cabeza era llegar a conocer a mi bebé y entonces… ¡Pues ya está!, seríamos felices para siempre. Pero la realidad dista un poquito del cuento de hadas que ya conocemos.

Mientras estás en el hospital, en cierto modo todo sigue siendo como una fantasía, tienes toda la ayuda del mundo, van y vienen enfermeras, te llevan a tu bebé al cuarto ya bañado, listo para comer y envuelto como tamal (hasta aprender a enrollarlo correctamente tiene su arte), se lo llevan a los cuneros donde lo velarán toda la noche, para que ambos puedan dormir y descansar por esas dos mágicas largas noches. Van y vienen visitas con sonrisas enormes y una apuesta interminable de a quién se parece más, si a mamá o a papá. A mí, desde niña, eso me parecía absurdo, porque creo que todos los bebés se ven "fetoides", arrugados con caras de viejito, hinchados aún del esfuerzo y con color de piel dudoso.

Por esa razón, mi hermana Karla y yo teníamos una regla de oro entre nosotras, no podíamos decir nada referente a la apariencia del nuevo bebé de la otra; por ejemplo, que si estaba bonito, curiosito o feo el hijo, hasta que no pasaran treinta días, así dábamos oportunidad para que se bajara la hinchazón, abriera bien los ojos y su piel tomara el color correspondiente. Este era un juego de carreta entre nosotras. Ella es mayor que yo por tres años. El juego surgió cuando nació su hija. Era la primera nieta de la familia, y mi mamá exclamaba enloquecida de felicidad: "Se parece a ti, Karla"; "Está blanca blanca como la nieve". Cuando yo entré al cuarto a visitar a mi hermana recién parida, me dijo, desde la puerta: "¡No me digas nada! Dale treinta días". Y soltamos la carcajada de complicidad, porque, honestamente, pues sí eso, una pasita arrugada y morada, por lo que eso dije: "Pues eso, hermana, una pasita". Ni tarda ni perezosa, al nacer Leo, entró al cuarto y me dijo: "Tienes treinta días, mana, pero es un tomate". Leo era un bebé rojo rojo rojo y con dos rayas enormes por ojos, no tenía un solo cabello, ni ceja, solo se alcanzaban a ver sus enormes pestañas salir de los ojos bien cerrados.

Entonces llegó el momento de irnos a casa. Yo iba mucho más tranquila al respecto de lo que había sucedido el día del nacimiento, porque sabía que teníamos meses por delante para decidir cuándo operar. Como cuando dejas un problema que no tienes ni corazón ni cabeza para resolver en ese momento y piensas: "Que lo resuelva mi yo del futuro, qué más da, tengo tiempo".

Eso me daba paz, que teníamos tiempo, siempre y cuando fuera antes de que dejara el pañal: "No se preocupen, mientras más pequeño en edad esté Leo para la operación, pues no recordará nada". Solo escuchar esa frase en mi memoria me da una furia enorme con las palabras de "ese" pediatra, porque ni su nombre vale la pena recordar.

En fin, ahí empezamos nuestra nueva vida familiar. Ahora se sentía más como una familia en forma, aunque, bueno, ya lo éramos, Juanpa, Mika (mi perrhija en ese tiempo) y yo. A Mika la adoptamos el primer año de casados, y fue hija única durante cinco años, en lo que decidimos ser padres de otro ser humano. Cabe mencionar que esa adopción la hice con un poco de engaños a mi marido.

En casa, con mis papás, el tener un perro era parte de ser una familia, y convivían en casa como un miembro más, por lo que, al estar recién casada, sentía que la ecuación de la nueva familia cuadraría por completo cuando tuviéramos nuestro primer perrito. Se lo comenté a Juanpa, y la verdad estaba cero convencido, solo que no tenía claro, hasta ese momento, que se había casado con la mujer más terca del mundo cuando se le mete una idea, así que no iba a quitar el dedo del renglón.

En una ocasión un compañero de oficina en la banca de entrada me comentó que estaba en una asociación que se dedicaba a dar caninos en adopción, lo que me pareció una grandiosa idea. "De hecho, hay uno pequeño al que le están buscando hogar". Le hablé a la dueña anterior y me dijo: "Sí, claro, puedes llevarte a Mika de prueba unos días, a ver si se acopla en tu casa, es un shih tzu. Busqué la raza en internet y parecía un trapeador, lo cual me enterneció. Acepté de inmediato y más tarde, esa noche, cuando estábamos ya platicando sobre nuestro día, le dije a mi esposo: "¿Qué crees? Pasó algo súper chistoso, no lo vas a creer, que hay una perrita que busca casa y que nos la prestan unos días, a ver cómo nos sentimos con ella. 'Probar no empobrece', ¿no, amor?, igual aprovechamos este puente de septiembre que estaremos en casa y vemos qué tal, solo hay que ir por ella".

La verdad, a mi marido le hizo cero gracia, pero aceptó, ¿qué más? Estábamos en nuestros primeros meses de casados, era aún la luna de miel, por lo que pelear por absurdos no estaba en el menú del día.

Yo estaba emocionadísima. Ahora sí sería oficial nuestra familia. Fuimos a recoger a Mika a una zona residencial bastante lujosa de la ciudad de Guadalajara. Hice sonar el timbre y, chan, chan, chan (música de piano de Halloween), salió una cosita negra horrorosa de la casa, una combinación rara entre puerco, topo y perro. Me dijo la dueña: "Ella es Mika, es un pug". Yo no quise soltar la carcajada o hacer gesto alguno de sorpresa, ya que en definitiva eso no parecía un trapeador, pero dije "Bueno, ni hablar, perro es perro y me lo llevo".

Mika fue mi hermosa compañera perruna durante doce años. De hecho, acaba de partir este diciembre pasado justo unos días antes de mudarnos a nuestra nueva casa y sigo extrañando su presencia. Dicen que las mascotas son estos guardianes que te ayudan a transitar en el camino de forma misteriosa, como Dante, de la película de Coco, que en realidad era su alebrije guardián, yo realmente lo creo así, porque Mika, como mi gran maestra previa al camino que tendría que recorrer como madre, fue mi primera experiencia de tener que llevar a operar a alguien que amo y que las cosas no sucedieran como lo esperado.

Ella, de un día a otro, amaneció con el ojo ponchado, era una úlcera en el ojo, al parecer muy común en los pugs, y tuvieron que hacerle un colgajo. Recuerdo la primera probadita de dejar a alguien en el quirófano, un entrenamiento previo de lo que es cuidar, velar y ayudar a sanar las heridas a alguien que amas y que depende de ti.

Por cierto, ¿se acuerdan de la descripción de Mika: medio puerquito, medio topo, medio perro?, pues además roncaba al caminar, como si se fuera desinflando con cada paso, y, para colmo, tuerta. La verdad, echarle carrilla fue deporte de tradición en mi familia cada que iban de visita. La extraño mucho mucho.

Mika fue una perrhija muy consentida en sus cinco años de reinado absoluto. Mi cuñada siempre decía que era más fresa que el gato Lucifer de Cenicienta y que parecía que se tomaba la leche con el dedo meñique levantado. Estaba acostumbrada a dormir en el cuarto, comer croquetas especialmente costosas y ser ama y dueña del sillón de la sala de TV. Ya se imaginarán el *shock* que tuvo cuando Leo llegó a nuestras vidas. Con cara de "what?", nos recibió ese día de regreso del hospital. Ahí empezaba nuestra nueva aventura a la paternidad. Yo no tenía idea de absolutamente nada, ni de cómo bañarlo, ni cuánto debía dormir, nada, de nada, y la verdad es que me lo entregaron del hospital sin manual de instrucciones. Es más, la primera vez que lo bañé se llenó todo su cuerpo de ronchitas rojas. Yo empecé a llorar asustadísima y a decir: "Ay, no, Dios, ya lo descompuse, ¿qué hago?, ¿qué hago?". Basta con decir que Leo fue bañado durante sus primeros seis meses con agua de garrafón, y esa era solo una de las muchas excentricidades de madre primeriza que tuve, porque Dios nos librara de que fuera expuesto a alguna bacteria sin querer. (Pregúntame de mi segundo hijo, Luca: no le pone nombre a los bichos que se echa a la boca, sin que nos demos cuenta, solo porque no habla aún).

Mis papás nos acompañaron en casa las primeras semanas. Yo sentía que mi cuerpo estaba completamente deshecho, como si me hubieran atropellado y me colgaran las carnes. Era un suplicio quitarme las vendas y la faja para meterme a la ducha. Sin embargo, pues ya estábamos ahí en modo supervivencia, mamá e hijo intentando adaptarse a lo nuevo.

Leo era un niño encantador, se acurrucaba perfecto en mis brazos y no había otra cosa que disfrutara más que acostarlo encima de mi pecho, sentía por momentos que nuestra respiración se conectaba con más sintonía que la canción más hermosa del mundo: volvíamos a ser uno en cada inhalación y exhalación. Aunque seguía sin tener idea de nada sobre la maternidad, estaba completamente dispuesta a lograrlo.

Leí cuanto libro me pusieron enfrente. Leer siempre ha sido una de mis gracias o *hobbies*, y en uno de esos libros encontré un tipo de instructivo que decía que habría que llevar un registro minucioso sobre las horas de sueño, forma de sus desechos, onzas de alimentación, por lo que un Excel me quedó corto.

Claro, eso de manejar estadísticas y números sí era un territorio conocido para mí; además, antes de ser mamá, yo podría haber sido descrita como una total *workaholic*: podría estar trabajando día y noche sin parar, me llenaba por completo sentirme en mi zona, abrirme paso en el mundo laboral y, sobre todo, esa deliciosa falsa idea de controlar todo a mi alrededor.

No obstante, yo quería saber lo que se sentiría ser mamá de tiempo completo, por lo que hablé con mis socios del negocio y pedí tener seis meses sabáticos para poder disfrutar a mi hijo. Prometía hacer ciertos trabajos desde casa para mantener el contacto y no salir tanto de la jugada, porque ¿cómo una mujer independiente podía dejar su carrera? En mi cabeza ponerle fecha al regreso me pareció mucho más justificable.

Luchaba entre convertirme en una nueva persona o intentar rescatar la que era. Debo confesar que, como juez, fui bastante cruel y dura conmigo misma. Una parte amorosa de mí me decía, cada vez que veía mi reflejo en el espejo, que era normal, que acababa de dar vida, que el cuerpo se recuperaría, que la energía, las ganas de volver a arreglarme y de tener una conversación intelectual también regresarían en un futuro cercano.

Pero empecé a enfrentar a mi peor enemigo: mi sentido de insuficiencia, esa voz castigadora de "Sí, sí, qué lindo todo lo que te cuentas, pero ¿cuándo te vas a poner las pilas?, ya estuvo de estar acostada, ya estuvo de no bajar esos kilos de más. ¡Vamos, arriba!". Esta es una de las primeras grandes batallas que, con mucha compasión, debo admitir que tuve conmigo misma. Me encantaría decir que mi parte amorosa y compasiva ganó, pero la realidad es que en esa etapa de mi vida yo sabía muy poco de cómo amarme de verdad.

Así que, de una forma absurda, a un mes de dar a luz, intenté hacer yoga y ejercicio; me exigía muchísimo, porque no me gustaba lo que veía, y me hacía sentir como si me hubiera rendido, así que me esforcé y me esforcé, pero nada volvió a ser igual. De hecho, además de aprender a pedir ayuda, aprendí también a ser amorosa y respetuosa con mi cuerpo físico y sus procesos, porque, ya se imaginarán, un día me desperté y tenía el vientre inflamado y rojo. Le mandé fotos a mi doctor, quien me mandó hacer un ultrasonido, y ¿qué creen?, sí, por el esfuerzo prematuro al hacer ejercicio, se me había reventado una de las puntadas de las capas internas, así que tuvieron que drenarme y volver a poner la puntada. "Bienvenida de nuevo a tu recuperación desde cero".

Tuve que dejar mi vanidad y mi ego de lado, para aprender a pedir ayuda, para entender que yo merecía tiempo para sanar, que era correcto no seguir todos los estándares establecidos, y que tenía que poner atención en esa relación tan cruel y desgastada que tenía conmigo misma.

Esos primeros meses eran una combinación entre amor puro y desbordado por mi bebé, y la continua incertidumbre de si lo estaba haciendo bien, una mezcla constante entre el mundo de las fantasías, que te atrapa en una mirada de tu hijo, donde quedas en estado de completa contemplación en sus ojos y su respiración, y el incesante recordatorio de la realidad, pañales, instructivos y demás.

Para ese punto yo estaba más confundida que nunca. Leía un poco de poner límites, horarios, dejarlo llorar, y, por otro lado, de libre demanda, no dejarlo llorar para que no tuviera traumas de abandono, colecho y rebozo.

Siempre le decía a Juanpa que en esta era de la información lo que dicen en un artículo lo contradicen en otro. Ahí, ¿qué aplica? Peor todavía si te pones a escuchar todos los consejos a tu alrededor: tu mamá dice una cosa, tu hermana otra, tu suegra y cuñadas otras, ¿a quién darle la razón? Aquí sí aplica que nadie experimenta en cabeza ajena.

Justo ahí, hallé una frase que me daba paz: "Leo te eligió a ti porque tú eras el alma perfecta para ser su madre". Eso me lo he repetido millones de veces cuando me encuentro en esas disyuntivas, siempre me sirve para regresar a mí y escucharme antes de decidir.

Así transcurrieron los primeros meses. Me empezaba a entrar un poco la bipolaridad mental, porque ya debía regresar al trabajo. Por un lado, era una emoción inmensa el solo pensarlo: "Sí, por favor, volverme a arreglar para ir a la oficina, que me pregunten cosas interesantes donde tenga que usar el intelecto; poder pedir que me lleven mi taza de café al escritorio y, sobre todo, silencio, no llanto, no canciones de niños, un hermoso y continuo silencio, velas olor a lavanda y hacer el trabajo que amo". Sin embargo, por otro lado, cargaba una increíble angustia por dejar a Leo en casa. "¿Con quién?; "¿Cómo?"; "Debería ser yo la que esté aquí todo el tiempo con él". Otra vez me castigaba cruelmente: "¿Qué clase de madre deja a su hijo si tiene la posibilidad de no trabajar?". A eso le sumaba las miles de historias de las nanas que golpean a los niños, o los kínderes donde lo dejarían llorar.

 Todas las noches pedía al Cielo que me ayudara a decidir y poder acomodar las cosas para sentirme tranquila. Y como caída del Cielo, una de las asesoras que había entrado a mi despacho fue de visita a la casa para renunciar al trabajo en seguros, porque ella quería seguir con su profesión anterior, que le apasionaba. Al preguntarle cuál era, me dijo: "Soy enfermera pediatra, de hecho, me encargo de terapia intensiva de recién nacidos en x hospital, algunas noches de la semana". Y yo: "Ah, aaah, ¡bingo !". Sonaron las campanas y me atreví a preguntar: "Oye, ¿y no te interesa cuidar a mi bebé en las mañanas?". Se le acomodaba perfecto, así que quedó todo ¡listo! Con tantas historias que me contaron, llené la casa de cámaras de seguridad y los primeros días ponía los monitores en mi computadora de la oficina para estar en vigilancia constante. Luz fue, como su nombre lo dice, una luz en el cuidado de Leo en sus primeros meses de vida.

LAS DOS MUJERES

El siguiente capítulo en mi vida fue, sin duda, uno de los más desgarradores que pueda recordar. Sé que este es el momento de escribir sobre ese día que, sin sospecharlo, daría un giro completo a la forma que tenía de ver el mundo.

La única forma en la que decido recorrer esos días de nuevo, sentir paso a paso ese camino, es acompañada de la mujer que soy ahora, porque hoy sé que así tenía que pasar; hoy puedo reconstruir este andar de forma mucho más amorosa con la mujer que fui hace cinco años. Así que en estos momentos imagino que nos tomamos de las manos, las dos mujeres que somos, fuimos y seremos, para recorrer y recordar juntas lo que estamos por volver a vivir.

Los meses seguían transcurriendo entre desveladas, pañales, risas y llantos, descubriendo con total asombro la fragilidad del ser humano al ver aprender a Leo hacer lo que hoy como adultos vemos como lo más normal, sobre lo que incluso muchas veces perdemos el valor de agradecer, como la capacidad de sentarse por sí mismo, tomar cosas, distinguir sonidos, aprender a usar sus manos y pies, cosas al parecer tan simples, pero que en realidad son milagros.

Como era costumbre, cada mes asistíamos a la cita de revisión con nuestro nuevo pediatra. Amaba tomarle fotos a Leo cuando lo acostaban en la báscula para medir su peso; me parecía tan tierno y chistoso ver a ese bodoque lleno de lonjitas ganar peso y centímetros mes con mes. Era muy tranquilizador escuchar que todo iba bien, conforme a lo esperado según su mes. Eso me traía mucha paz. Sin embargo, era mi día menos favorito del mes, porque siempre, casi al finalizar la consulta, era el recordatorio de decidir que se acercaba la fecha para programar la operación.

Le preguntamos en varias ocasiones al pediatra qué tan importante era realizarla, y él nos explicaba a Juanpa y a mí que lo que tenía era una desviación de un milímetro en el conducto urinario. Leo podría hacer su vida normal, pero cuando fuera mayor y deseara convertirse en papá, le sería de mucha dificultad, por lo que lo más recomendable para las personas que nacen con este diagnóstico era operarlos de bebés, ya que no se acordarían de nada y era mucho más sencillo su proceso de recuperación: "Los niños se recuperan más rápido; si lo hacen siendo mayores, este procedimiento podría complicarse mucho más".

Él nos aseguraba que era un procedimiento de rutina, que casi casi podrían hacerlo en una mañana y por la tarde ya estar en recuperación en casa. Por lo que decidí buscar al mejor de los mejores. Investigué muchísimo qué especialista era el más recomendado. Aunque sería una intervención ambulatoria, no estábamos dispuestos a dejarlo en manos de cualquiera. Así que después de buscar y buscar, pedir referencias, dimos con el especialista que se llevaría las cinco estrellas.

Acudimos a la consulta. Íbamos con una mezcla de nervios y paz. Recuerdo perfectamente habernos sentado frente a su escritorio y ver una pared cubierta de reconocimientos, diplomas, cursos, lo característico del consultorio de un doctor. Yo sostenía a Leo sobre mis piernas, mi hermoso bebé de seis meses que no sabía ni qué estábamos haciendo ahí. Al parecer, el doctor estaba teniendo un mal día, porque no dejó de quejarse del sistema de salud y de lo mal que responden las aseguradoras. Juanpa y yo nos volteamos a ver con ojos de: "Nosotros no mencionamos jamás que trabajábamos en una aseguradora. ¿Por qué nos está diciendo esto el doctor? ¿Por qué está usando el tiempo de la consulta en enojarse por un caso anterior, en lugar de prestar atención a estos dos padres y bebé que vienen con todo el nervio de lo que sigue en el procedimiento de su único hijo?".

Le pregunté con insistencia: "Doctor, pero ¿cuáles son las complicaciones de esta cirugía?". "Nada, nada", me respondía muy desentendido y ausente. "Lo he hecho millones de veces. Para que se quede tranquila, señora, tengo el noventa y siente por ciento de efectividad en operaciones como esta". Aun así, yo insistía, mientras abrazaba más fuerte a Leo, sosteniendo sus piernitas contra mi pecho: "¿Y la recuperación cómo es, doctor?, ¿será muy dolorosa para nuestro hijo?". "No nada, nada, es un procedimiento común, en diez días estará como nuevo".

Qué horrible sensación de impotencia, de sentirte poco escuchada, de pedir con el corazón que tu caso no sea uno más de su día. Tal vez para él éramos la cita de las seis de la tarde, pero para nosotros era LA CITA, la cita donde estaba poniendo la vida de mi príncipe azul en sus manos. Él insistía en que el sistema de salud no era correcto y las aseguradoras menos, así que, a pesar de que nosotros nos dedicamos a eso y teníamos póliza, nos dijo que él nos atendería en su clínica privada y que quería el pago por fuera de la póliza. Al parecer, el tema importante para él ese día eran más los honorarios que los seres humanos que tenía frente a él.

Me recriminé por mucho tiempo el no haber tomado a nuestro bebé y habernos marchado en ese momento. Meses y años después, soñé muchas veces con esa escena, solo que en mi sueño sí me levantaba de la silla como una tigresa enfurecida y le decía al doctor: "Véanos a los ojos, háganos sentir que somos el caso más importante que tiene y que mi hijo será cuidado como su hijo en el quirófano. No me diga que lo ha hecho mil veces. No se preocupe en cómo le vamos a pagar, eso será un hecho, preocúpese en recuperar la salud de nuestro bebé, lo otro nos toca a nosotros". Pero no lo hice.

Mientras escribo estas líneas, me doy cuenta por qué la Alma del 2021 se toma tan en serio a la persona que tiene en frente contándole su historia: no es una historia más, para mí es LA HISTORIA, es un corazón que se abre para compartir lo que le inquieta, son ojos que quieren ser vistos, palabras que buscan ser recibidas y un corazón que grita por ser apapachado. Cuando mostramos nuestra vulnerabilidad merecemos ser abrazados como niños que pierden de vista a sus padres en un supermercado.

Hoy, acompañándome en revivir esta escena, tengo el amor suficiente a mí misma para decirme:

"Alma, estabas asustada, él era en ese momento tu mejor opción, tomaste la decisión correcta con la información que tenías, con lo que sabías en ese momento; Leo tenía mejores posibilidades a los seis meses que si lo hubieras dejado pasar, lo que hicieron lo hicieron con todo el amor, con toda la esperanza de que era la mejor decisión, y así tenía que pasar y fue perfecto; tú solamente estabas siendo su mamá y buscando lo mejor para él.

"Con ese amor infinito que tienes por Leo, decidiste callar tus ganas de gritarle al doctor, para lograr tener al mejor especialista, porque tú querías que fuera tu doctor. Qué más da si no era tu amigo o te caía bien, y si su ego inflado venía en paquete con su maravillosa experiencia en el quirófano como todas sus referencias lo decían".

Hoy también sé que el doctor es humano y que, en definitiva, no estaba en sus planes fallar. Así que aceptamos todas las condiciones especiales que el doctor pidió, con la total esperanza de que ese capítulo fuera lo más fugaz y quedara olvidado en nuestra memoria al igual que en la de Leo.

Llegó el día de la operación. "Mi niña hermosa, ahora en botarga de mamá, puedo verte entrar por las puertas de esa clínica privada, con Leo en los brazos, Juanpa, sosteniendo tu hombro, y tú con el estómago totalmente deshecho", me digo. Y pensaba: "Por favor, Dios mío, que esto pase rápido, que en la tarde nos estemos riendo, que no se vuelva a tocar el tema nunca jamás".

Me veo caminar por ese pasillo con piso blanco y ambiente gélido hacia el quirófano. Puedo escuchar nuevamente cómo se abren las puertas, el frío en el cuerpo, la piel de gallina, el hueco en el estómago, los ojos llorosos y el dolor en el corazón. Recuerdo la cara de la enfermera cuando extendió los brazos y me dijo: "Señora, usted llega hasta aquí, entrégueme al bebé".

Silencio. Escucho el palpitar de mi corazón, que se acelera cada vez más. Siento que se me va a salir del pecho. Respiro profundo. Veo a Leo a los ojos y le doy la bendición: "Te esperamos aquí afuera, mi vida. Mamá y papá estaremos aquí esperándote. Te amamos mucho".

Jamás podré borrar esa escena de mi memoria: ver cómo la enfermera se llevaba a Leo hacia el quirófano mientras él solo pelaba sus enormes ojos. Repetí el cuadro en mi cabeza una y otra vez, una y mil veces más, recriminándome que fue la última ocasión, por muchos meses hacia adelante, en que Leo me miraría a los ojos. Yo podía escuchar en mi corazón un "No me abandones, mamá". Lo vi alejarse y rompí en llanto. Juanpa me abrazó nervioso. Sé que él intentaba hacerse el fuerte para no derrumbarnos los dos.

Pasaron las horas. Esperábamos en el cuarto del hospital cuando por fin llegó una enfermera para avisarnos que ya iba a traer a nuestro hijo al cuarto. Yo estaba en la mecedora que tenía la habitación. Entró al cuarto y salté de la silla para recibirlo. Lo tomé con fuerza en mi brazos, pero Leo ya se había ido, sus ojos estaban perdidos. Sentí que me entregaron una botarga de mi hijo. Él ya no estaba ahí.

Yo lo acuné fuerte en mis brazos y empecé a mecerlo, a abrazarlo, a acariciarlo, pero algo me decía en mi corazón que él se había marchado. Sentir que perdiste a tu hijo, aun con vida, es de los escenarios más desgarradores que una madre puede experimentar.

EL DOCTOR

Al regresar a casa sentía un enorme hueco en el estómago. Esta vez no era miedo, era un inmenso enojo ante cualquier cosa que ocurriera. Sentía que algo se había roto, que yo no había hecho mi trabajo de protegerlo, que le había fallado.

Pero en lugar de sentirme triste, lo que sentía era coraje, rabia desde mis entrañas, de no saber qué hacer o qué seguía. Las siguientes semanas pasaron entre curaciones y noches en vela, porque ahora Leo había dejado de dormir, se despertaba a pleno grito; a media noche, gritaba y lloraba. Yo ya no sabía si era de dolor, de miedo, de trauma o todas las anteriores. Mi corazón se quebraba más y más con cada noche así, y mi enfado crecía, contra el doctor, contra la situación, contra Dios, contra mí. La verdad, ya ni sabía, solo era furia.

Yo notaba algo raro en la forma del vendaje. Y me parecían muy extraños esos episodios de llantos incontrolados. Hasta se ponía morado. Así que buscamos de inmediato adelantar la cita de seguimiento con el doctor. Acudimos lo antes posible, con desánimo y preocupación. Al revisarlo la respuesta del doctor fue: "Creo que lo tendremos que volver a operar, esta cicatrización es queloide". El mundo se me vino encima.

Tiempo después supe que no era la cicatrización queloide, sino que los conductos ahora estaban tapados. El doctor se había equivocado y esas noches mi hijo había llorado de dolor. En mi desconsuelo, convertido en ira absoluta, le dije indignada, haciendo gala de mi acento sinaloense, ya casi olvidado. "¿Que no tenía el noventa y siete por ciento de efectividad doctor?". "Sí, pues, su hijo cayó en el tres por ciento, señora". Me quería morir.

Esta vez tomé a mi hijo en brazos y salimos de ahí. Solo pude contestar: "Lo vamos a pensar, doctor". Salimos enfurecidos. Bueno, yo, enfurecida; mi esposo, en *shock*.

Tomé el teléfono y empecé a buscar más opciones, otras opiniones, alguien que me dijera que todo estaba bien y que no tendríamos que pasar por esto otra vez. Hablé con cuanto doctor encontré en las redes médicas, busqué recomendaciones cercanas y recurrí a san Google. Pero todo me regresaba al mismo doctor: él era **"el mejor"**.

Entonces un día, en una consulta con nuestro nuevo pediatra, quien después acompañaría a mis hijos de ahí en adelante, le conté nuestra historia con dolor, drama, enojo y sí, un toque de victimismo, porque ya no era capaz de ver más allá de mi miedo, esperando que nos diera la razón. Ahí aprendí una gran lección. Me dijo: "Alma, él es el mejor, sí se equivocó, pero lo más importante aquí debe ser tu hijo, quita tu orgullo, suelta tu enojo y necesitas confiar en él otra vez, si es que quieres que atienda a tu hijo".

Yo no podía dar crédito. Cómo confiar en alguien que se equivocó con mi hijo, ¿cómo?, si él debería de haber sido perfecto. Yo quería perfección, no a un humano capaz de cometer errores, y mucho menos con mi hijo. Es curiosa nuestra facilidad humana para juzgar a los demás desde nuestra ventana. Cómo somos capaces de pedir compasión de otras personas cuando cometemos errores, justificando que no fue nuestra intención fallar, siendo duros con nosotros mismos para mostrar al mundo que ya no es necesario recibir castigo o reclamo externo, con la frase, tan trillada en nuestra cultura, de "Ya no me digas nada, ya soy bastante dura conmigo misma".

Pero ¿qué hacemos cuando se trata de ver al otro?, cuando los que nos sentimos agraviados somos nosotros mismos. El papel de ser víctima en la historia es aparentemente fácil, pero al mismo tiempo desgarrador, porque ahora dependes del de afuera, de que ellos hagan lo que tú deseas, esperas o crees que sería perfecto. En ese capítulo en mi vida, se me pedía ser humilde, compasiva con el otro ser humano, aunque en mi historia tenía todo para poder crear a un gran villano en mi cuento.

Cuando dejas que todo dependa de lo exterior, es tan pesado y denso como nadar en una alberca de gelatina, quieres avanzar y cada vez pataleas más fuerte, pero solo sientes fatiga, y en definitiva no avanzas ni un milímetro.

Honestamente, yo no podía con mi furia. ¿Cómo podría volver a confiar en el doctor?, ¿qué sí podía hacer para que el caso de Leo no fuera un caso más?, ¿qué hacer para que nos escuchara y tomara en cuenta? En ese entonces,

Juan Pablo, uno de mis amigos más cercanos, siempre me decía: "No olvides que la respuesta siempre es el amor". Frases que escuchas desde niña en el colegio de monjas, pero que jamás tienes la intención de poner en práctica en un momento difícil.

¿El amor? Claro, elegir el amor. Qué simple se escuchaba en situaciones en las que todo va bien. Ahí ama cualquiera, pero amar a quien, en tu juicio, ha fallado, requiere valentía, así que lo entendí como idea que llega de la nada en la madrugada a tu mente con insomnio. ¿Cómo podemos esperar ser escuchados si nosotros no somos capaces de hacerlo con el otro ser humano en botarga de doctor? Y pues con una gran valentía en consulta nuevamente frente al especialista, tratando de liberar nuestra ira, le pregunté: "Doctor, ¿qué podemos hacer nosotros para que se sienta mejor de tomar nuestro caso?, ¿cuál era su molestia inicial con la aseguradora? Nosotros trabajamos con ellos. ¿Cómo podemos ayudarlo?". Y nos contó su historia, sus casos trabados y sus tabuladores.

Nos tocó asistir a un congreso de la compañía, antes de la operación de Leo. Me acerqué al director comercial y le pedí ayuda. Juanpa y yo teníamos colaborando con la empresa más de diez años, por lo que me sentí en la confianza suficiente para exponerle nuestro caso y pedirle su apoyo personal para resolver los problemas del doctor. Recuerdo en broma decirle al director: "No sé qué se tenga que hacer, pero si es necesario el mariachi y chocolates, por favor, apóyanos, es nuestro bebé, sé que harías lo mismo por tus hijos". Gracias a Dios, todo se acomodó. El doctor estaba feliz y ahora atendía a mi hijo como su sobrino cercano. ¿Fue esto bueno o malo? La verdad ya no lo sé. Solo sé que hicimos lo mejor que pudimos para tomar más responsabilidad de la situación. Así fue como tres meses después Leo volvió a entrar en quirófano. Esa vez establecimos claramente también nuestras condiciones, el hospital, y las dudas fueron resueltas. De nuevo estábamos los tres esperando una operación para reconstruir las consecuencias de la última. Esta vez sí fue la última que tuvimos que entregarlo en el quirófano, bendito sea el Cielo, aunque no tenía ni idea de que nuestro camino apenas iniciaba.

Colorín colorado... la princesa ha despertado

LA CAÍDA DE ALICIA

Si pudiera describir los siguientes meses de la operación de Leo, serían como cuando Alicia está cayendo y cayendo a la madriguera del Conejo. El sentimiento sería de caída al vacío y eterno.

¿Has tenido etapas en tu vida las que, como coloquialmente decimos en México: "Solo falta que te orine el perro"? Pues yo así me sentía al caer, caer y caer. Parecía como si todo lo que en otros años de mi vida me había hecho sentir segura, con éxito e imparable, ahora me ponía a prueba con todo su rigor. Me sentía como una marioneta a la que le cortan las cuerdas y que, en su visión del mundo, la hacían sentir segura y sostenida, sin darse cuenta de que, al mismo tiempo, la hacían danzar al son de sus deseos y expectativas como si cada cuerda fuera un rol establecido inconsciente: trabajo, dinero, pareja, salud, maternidad. Deambulaba con un inmenso pánico de ni siquiera cuestionar si esa muñeca pudiera caminar sin la ayuda de cada cuerda.

Y como Alicia, cayendo a través de ese sueño irreal, soltarme de las cosas que creía que me definían fue el primer mundo que llegué a descubrir.

LABORAL

Siempre consideré tener éxito en mi carrera laboral. Había logrado varias metas a mi corta edad. Me gustaba mi trabajo. Poco a poco íbamos construyendo la promotoría de nuestros sueños. Habíamos logrado constituir una buena sociedad. Éramos dos socios hombres y dos mujeres, cada uno ponía a la receta su toque único e individual. Me había tomado mis meses sabáticos para ser mamá, pero ya era tiempo de estar de vuelta al cien.

Dicen que deberíamos de tener la capacidad de colgar la vida personal en la puerta del trabajo y viceversa, pero a mí esa idea francamente me parece una locura. Como cuando era niña, jugaba a las Barbies, y dependiendo del atuendo cambiaba toda su situación: ya no es Barbie maestra, ahora es Barbie doctora, o Barbie *rocker*, pero la realidad es que era la misma muñeca con peinado y tacones diferentes. Pues así la vida.

Al sentir tanto caos en casa con las curaciones de Leo y su ausencia, el ponerme tacones, labial rojo y salir a trabajar era algo de lo que había decidido colgarme para detener mi caída; después de todo, eso sí lo dominaba, ahí no me esperaban sorpresas o situaciones que requieren tanta energía de mí, como las que me aguardaban en casa. Además, honestamente, yo seguía muy enojada conmigo por lo que había sucedido, estaba tan enojada y tenía tan poco conocimiento de mí y de qué hacer con mis emociones que lo más fácil era ocultarlas, cambiarme de traje en las mañanas para intentar ser otra Barbie.

En mi enojo, decidí dejar todo lo que tuviera que ver con la curación de Leo en manos de la enfermera, irme a trabajar y estar en las tardes con Leo. Bueno si eso se puede considerar como estar, porque sí estaba físicamente, pero tan ausente como mi hijo en ese espacio, escondiéndome tras el celular, en conversaciones urgentes de trabajo.

Hoy entiendo que solo quería evadir la situación como si ignorándola fuera a desaparecer, como si todas mis emociones tocaran a la puerta una y otra vez y yo gritara desde una ventana: "Disculpen, no hay nadie, salimos a comer, al rato las atiendo, jóvenes". Esperaba que se cansaran de tocar a la puerta y se marcharan, así nomás, como vendedor de enciclopedias, acostumbrados a marcharse después del rechazo.

Cada vez que me metía más al trabajo, siempre era más fácil pensar que sentir, descargar mi enojo en algún subordinado o situación laboral. Pero ¿qué creen?, a los pocos meses de mi regreso, estalló otra bomba. Una de las socias había decidido marcharse para crear su propio despacho. El tema en sí mismo no era un problema para mí, pero recuerdo estar en un congreso en Las Vegas, y en medio de una conferencia, en frente de todos, ver estallar la discusión: un socio gritaba, el otro se enojaba, la otra lloraba, y yo solo pensaba: "¡Qué pena, qué pena!, ¿qué está pasando aquí?, ¿qué está sucediendo? No, no, por favor, socios, no destruyan mi único lugar seguro, es de lo que me quiero agarrar, help".

Y así se disolvió una socia en los siguientes meses. Uno de los asociados me preguntaba si yo estaba enterada, si sabía que esto estaba ocurriendo; yo solo me reía por dentro: "¿Es en serio? Tengo mil cosas que arreglar en casa como para prestarme a estrategias y alianzas en mi único lugar seguro". La verdad era increíble para mí que todo eso hubiera sucedido y sin darme cuenta, yo, la que se decía "experta en leer a las personas", "que siempre sabía qué estaba sucediendo en la oficina", "a la que no se le iba una". Aparentemente, estaba tan ausente en casa como en la oficina.

Entonces, los siguientes meses también estuvieron llenos de cambios en el trabajo. Yo iba y venía de la casa al trabajo sin saber cuál era el fuego que era más urgente apagar en mi cabeza. Porque, además, siendo honesta, yo apenas mencionaba en la oficina lo que ocurría en mi casa, con mi hijo; me daba una pena increíble reconocer que mi vida no estaba siendo perfecta, siquiera atreverme a quejarme o pedir ayuda, porque, ya sabes, hay niños en África que no tienen que comer, hay gente sin trabajo. Bueno, ni siquiera me daba permiso de que mi dolor fuera digno de ser dolor y contarlo. Yo debería poder con eso y más. Solo me faltaba lo que ya sabes: ponerme labial rojo y unos lindos tacones.

ECONÓMICO

Alicia seguía cayendo y cayendo por la madriguera del Conejo, y mientras caía, pasaban imágenes de mis más grandes miedos de la infancia, como si fuera una mala película que me resistía a volver a ver, pero de la que no tenía escapatoria.

Hubo muchos episodios en mi vida como montaña rusa en lo económico. Hubo temporadas de mucha abundancia y pocos límites, y otras en las que debíamos aprender a tener lo que era necesario. Hoy creo que era una fuerte creencia en mi familia respecto de un año bueno y uno malo, como si lo que decretáramos en nuestra mente no tuviera ningún impacto.

Mis padres siempre fueron personas muy trabajadoras y responsables. La realidad es que nunca faltó nada en casa y tuvimos las mejores oportunidades mi hermana y yo: fuimos a los mejores colegios posibles, nos codeamos de buenas amistades, etcétera. Pero recuerdo perfectamente experimentar esta ansiedad cuando las cosas no iban bien, como si fuéramos a quedarnos sin comer o sin techo; cosa que nunca sucedió, pero siempre sentí muy real.

La mujer adulta que soy hoy puede observar con mucho amor que era una creencia heredada de mi abuela materna, la de quedarse sin nada, por una mala decisión de negocios que tomó mi abuelo. Ella tuvo que levantar a su familia de nuevo con mucho esfuerzo y trabajo, con una tienda grande de abarrotes, bajo ese terror a no tener qué dar de comer a sus hijos ni poder parar de trabajar un solo día, porque no sentía ninguna seguridad económica. Por eso, la abuela siempre dio gran peso al trabajo imparable, a la disciplina, al no depender de que nadie viniera a rescatarla, y a hacerlo con la frente en alto y con una gran fortaleza. Muchas de las frases que recuerdo de ella se resumen en: "Busca un hombre que te ame, pero nunca esperes a que te mantengan; para eso tienes dos manos y lo mejor de la familia, una mente brillante". Creo que pertenecer a un linaje de mujeres inteligentes y que siempre sabían qué hacer en una crisis era uno de los talentos que mi abuela más aplaudía.

Por otro lado, siempre la incertidumbre de que nada es seguro y que en cualquier momento podríamos quedarnos sin ningún activo económico era lo que, a la mínima provocación, prendía la alarma de "PELIGRO, MORIREMOS DE HAMBRE" en cualquiera de nosotras. Lo vi en varias ocasiones en casa, cuando mi papá, por algunas malas decisiones, tenía un cambio de trabajo o de socios, y no salía nada beneficiado. Justo ahí vi a mi mamá ponerse el traje de superheroína, cual amazona que sacaba el viejo ajuar de batalla del clóset para montar su caballo e ir en conquista del mundo laboral. Eso sí, siempre con bastante éxito, tengo que admitir.

Me siento muy orgullosa de decir que pude ser testigo y aprender del ejemplo de mi madre cuando viví su candidatura a presidente municipal, delegada estatal de un plantel educativo importante en el país, puestos políticos destacados y varios emprendimientos de negocios propios. A menudo, contemplaba una combinación peculiar en casa: mi madre, montada en un caballo cual amazona, imparable para asegurarse de que nada hiciera falta, y mi papá como hechicero del pueblo, con la mezcla de serenidad y constancia, con la incólume apariencia de que nada le molesta o inquieta; pacífico, en armonía con los que le rodean; en búsqueda de cómo ayudar, en trabajos estables y disciplinados, como directivo de ventas en empresas de cerveza o refrescos.

Puedo reconocer su equilibrio, con mucho amor, cuando hasta la fecha les pido un consejo referente al tema profesional, y escucho: "Ve y conquista lo inimaginable con la frente en alto y digna; no te dejes ser el escalón de nadie", consejo de mi madre, y un "Pero negocia con inteligencia y justicia", diría mi papá.

En algunas etapas de mi adolescencia me costaba mucho trabajo entender las temporadas de vacas flacas, me disgustaba de muchas maneras que no pudiera pedir los lujos que veía en algunos de mis amigos, o tener que administrar los recursos. Cuando fui "estudihambre" en la universidad, mientras otros podían despilfarrar en la salida de antro, siempre me cuestionaba: "¿Por qué yo no si mis padres nunca dejaban de trabajar?

Esa variación entre hay y no hay era algo que me molestaba e intranquilizaba muchísimo, por lo que desde niña decidí ser bastante ahorrativa. Creo que en una Navidad, con nueve o diez años, pedí una caja registradora con llave para poder ir guardando dinero, porque si en un futuro necesitaba de algo, tendría capital sin tener que sentir que no había. Lo de la llave era porque mi hermana, que siempre ha sido mi polo opuesto, estaba decidida a vivir la vida antes de que terminara y en una que otra ocasión asaltar mis ahorros sin que, según ella, me diera cuenta. La nueva estrategia de esconder mis ahorros fue algo que me caracterizó más adelante y me ha salvado en varias ocasiones.

Cuando vi la película *Coco*, esta información encajó en mi mente como si hiciera clic en un juego de legos. Miguel, el protagonista, tiene un amor profundo por la música y un talento inigualable, sin embargo, es un tema tabú en su familia, donde todos reaccionan de inmediato en cuanto se escucha alguna nota musical. Creo que gran parte de su familia ni siquiera sabe por qué está prohibido disfrutar de la melodía, pero se ha repetido tantas veces ese patrón que ya dejaron de cuestionarlo, solo la odian porque sí. La única que lo recuerda un poco es la abuela de Miguel, por haber visto sufrir a su mamá, Coco, por la ausencia de su padre. Pues bien, al igual que en esta hermosa historia, nos vamos pasando miedos, disputas y creencias, de generación en generación, y jamás paramos a cuestionarlas ni a preguntarnos por qué reaccionamos a este tema del mismo modo si jamás lo hemos vivido o experimentado en realidad.

Años después lo aprendí en varios cursos y terapias de biodescodificación, donde pude observar no solo mi historia, sino la de mis ancestros, y así conocer mis reacciones inmediatas a ciertos temas.

Pero en ese tiempo aún no lo sabía. Así que retomando el tema del títere bailando al son de las cuerdas que aparentemente lo sostenían, una cuerda más estaba por caer: cuando mi esposo y yo éramos novios, él había decidido comprar nuestra primera casa, ya que esa era la decisión que seguía en el manual: "Haga bien las cosas desde el inicio", ya sabes, manual donde te dicen que hay que graduarse de la universidad, conseguir un trabajo formal y estable, comprar tu coche y, si eres lo suficientemente exitoso y responsable, comprar tu primera casa; todo, antes de casarte, así podrás proveer de seguridad y estabilidad a tu futura familia.

Nosotros habíamos hecho todo conforme al manual, solo que no nos habían explicado algunas cosas en esos pasos, como elegir la casa donde realmente quieres vivir o para la que te alcanza en ese momento; la importancia de tener una buena parte del capital o dejarte llevar por una inmensa hipoteca en la que terminas vendiendo tu alma al diablo durante los siguientes veinte años, para pagar tres veces el valor de la casa, pero, eso sí, ya podrías poner *check* en la lista de pasos a lograr antes de los cuarenta.

Aunque al inicio de nuestro matrimonio, económicamente, todo parecía estable, pues ahí estábamos dos niños jugando a la casita y fingiendo uno ante el otro que sabíamos lo que hacíamos, yo con la información de mi familia de "nunca es suficiente", ya que no podía dejar de pensar en ir por una casa más grande, dar el siguiente paso, y mi esposo con su legado de "mientras no falte nada no hay razón para movernos" o "arriba del seis es vanidad", cada quien jalaba para su lado en el tema de decisiones económicas. Por lo que un año antes del nacimiento de Leo, yo insistí incansablemente de que era hora de mudarnos, pero, según yo, consciente de que seguía habiendo un pago de hipoteca. Negocié que mi marido siguiera pagando la hipoteca de la primera casa y la pusiera en renta, mientras yo me encargaría del costo del nuevo hogar, porque en mi cabeza eso era lo que nos ayudaría a avanzar. "Ay, mi niña, cuánta inocencia". Pero, bueno, hoy no sería lo que soy sin haber pasado por ahí.

A los pocos meses de la llegada de Leo, mis papás se habían mudado unos meses a esa primera casa, estando en Guadalajara, para ayudarnos con el posparto. Un día, mi papá, con mucho sigilo, me dijo: "Hija, no sé si deba decirte, pero creo que es importante que sepas que a la casa de Parques están llegando avisos de embargo". "¿Cómo?, pero ¿de qué estás hablando, papá, si mi marido no me ha dicho nada. Por supuesto que si estuviéramos en problemas económicos de esa magnitud, me hubiera avisado".

Para cuando me senté muy envalentonada a hablar con Juanpa, me contó que no solo era la casa la que estaba a punto de perderse, sino que, además de eso, había tomado malas decisiones con el manejo de su dinero y, en su pena por no decirme que no a mis grandes ideas de avanzar de un modo acelerado en nuestro estilo de vida, los gastos lo habían superado. Ahí estaba, frente a mí, confesando con la cara más pálida que si hubiera visto un fantasma la crítica situación económica de nuestra familia, la falta de crédito en sus tarjetas sobregiradas y su nuevo estatus en el buró de crédito. ¿Qué?, ¿qué?, ¿cómo podía ser posible si nos contábamos todo, según yo. ¿En qué momento pasó que estábamos casi en quiebra? Digo "casi", porque en esa época yo había sido muy enérgica en la decisión (heredada por el temor de mi abuela) de mantener en cierto modo nuestras finanzas separadas: era más fácil para mí dividir los gastos de la casa que entendernos en ese tiempo como un mismo equipo.

Justo hoy platicaba con Juanpa, durante la comida, sobre esa época, de qué fue lo que pasó, en qué momento se empezó a ir todo a pique, y él me respondió: "Una serie de eventos desafortunados". Los dos soltamos una carcajada al unísono.

Mi siguiente pregunta fue: "¿Pero por qué no me dijiste qué estaba pasando?". A lo que me respondió: "Porque no podía, eso no es lo que tu esposa quiere escuchar o acepta escuchar, entonces, en el intento por salir del problema, entre vergüenza por estar ahí, por sentir que había fallado como proveedor, enojo por no saber decirte que no iba al mismo ritmo de generación de dinero que tú esperabas y miedo de contarte, pues empecé a tomar una decisión mala tras otra intentando tapar un hoyo con otro, hasta que la bola de nieve creció tanto que me aplastó".

Hoy que me toca ser *coach* de muchos hombres, puedo ver una y otra vez repetirse este tema en las parejas: la incapacidad de comunicar lo que está sucediendo, por la expectativa que tiene uno del rol del otro. Ellas no se atreven a pedir ayuda de forma específica a sus parejas, desean con todo el corazón que ellos adivinen sus pensamientos para cumplir sus expectativas, y ellos intentan guardarse todo y dar el resultado esperado.

A veces solo creemos que las únicas que fuimos dañadas con el estereotipo de las princesas de Disney fuimos nosotras, al tener que estar siempre lindas, cantar hermoso, labios carmesí y piel de porcelana, pero... ¡Vamos! Pensemos un momento más sobre las expectativas que colgamos en el príncipe azul, o sea, PRÍNCIPE, dueño o heredero por nacimiento del reino, con un palacio hermoso y todas las comodidades a merced de la nueva futura reina que decidiera rescatar de la torre; además, fuerte, caballeroso, con la valentía imparable de matar a cualquier dragón que pueda siquiera amenazar a su princesa; él nunca duda, nunca muestra miedo o debilidad ni pone sobre la mesa algún problema del reino; solo es PERFECTO, siempre al rescate de su amada, dispuesto, atento y, desde luego, guapo. Sabe cantar el siguiente verso de la canción de la princesa, aunque sea la primera vez que la ve, es decir, es capaz de leer sus pensamientos. Digo, por si luego nos preguntamos por qué la tasa de divorcios es del 50%.

¡Ufff! Qué pesado papel, ¿no? Si creías que el de las mujeres era difícil, ¿te has puesto un solo día en los zapatos de las expectativas que un hombre de casa debe cubrir? Lo veo una y otra vez con cada *coachee* que tengo frente a mi escritorio en una sesión: "¿Sabe tu esposa cómo te sientes?"; "¿Sabe por lo que estás pasando?". A lo que siempre, sin fallar, me responden hasta con un toque de indignación: "Claro que no, *coach*, esto es temporal, yo lo voy a solucionar". Sí sé que es temporal, pero ¿has platicado con algún amigo de cómo te sientes? Y vuelven a responder: "Claro que no, *coach*, los hombres no hablamos de eso, igual lo comentamos al aire, pero no podemos quejarnos, ni que fuéramos nenitas". ¡Pum! Niños asustados vistiendo sus trajes de Tarzán y golpeando su pecho cual gorilas alfa defendiendo territorio. Eso, siempre y cuando no se haya rendido, porque he visto a muchos príncipes tirar su espada y convertirse en todo lo que sus princesas les gritan en casa por su gran decepción: "Eres un atenido, ¿por qué siempre estás en la raya?, sin tan solo fueras tan trabajador como tu compadre, ¿por qué no podemos gastar como ellos?, ¿que otro año sin vacaciones para los niños?, ¿por qué no puedes ser más romántico? Nunca me mandas flores, nunca me ayudas con los niños, pero, eso sí, siempre tienes tiempo para irte con tus amigos".

Muchos me dicen en sus sesiones: "¿Y sabes qué, *coach*?, ya que mi mujer me diga lo que quiera, no importa si me esfuerzo, parece que nunca es suficiente. Si soy buen proveedor me reclama por estar ausente, si estoy en casa, se enoja por que no salgo a trabajar. ¿Quién las entiende?". Yo creo que el señor Walt Disney jamás pensó que en su sueño de idealizar a las princesas también estaría condenando a los de su género.

Dicen que una mujer puede ayudar a un hombre a elevarlo hasta los cuernos de la luna, cuando sabe que creen en él, o hundirlo en el peor de los pantanos cuando ha decidido condenarlo. Lo mejor que puede hacer una mujer es escuchar y acompañar sin juicio a su pareja cuando él ha tenido la valentía de mostrar su vulnerabilidad; ellos no quieren que les solucionemos el problema, solo quieren sentir que cuentan contigo aun si sienten que han fallado.

Pues yo estaba tan enojada con todo lo que estaba pasando de las operaciones de Leo, el trabajo y ahora la situación económica que así como me sentía con una cosa me sentía con todas: ira total y absoluta, encerrada en mis capas de cebollita, como dicen en *Shrek*. Me tomé el agravio económico como algo muy personal: "¿Cómo Juanpa me había fallado con eso?, ¿cómo no me lo había contado?, ¿no se le ocurría mejor momento para entrar en una crisis económica?". Como si él lo hubiera elegido conscientemente.

Y Alicia cayó y cayó.

Bueno, esto sirvió de excusa perfecta para encerrarme más en el trabajo, porque ahora había que solucionar esa parte también, así que me puse mi armadura para salir a la batalla, tal cual Mulán, que, aunque alguien podría pensar "¡qué mujer tan valiente!, se fue a la guerra en lugar de su papá", la realidad era que le asustaba más quedarse en casa para buscar marido. No le quito ningún mérito, solo digo que me puedo identificar en que si bien parecía lo más osado salir a la guerra, estaba tomando el camino que me resultaba más cómodo: para mí era más sencillo lidiar con generar dinero para la casa que con la historia que me estaba contando en mi mente de sentir que Leo había decidido odiarme.

Y Alicia cayó y cayó, y mientras caía, se dio cuenta de que lo único que podía hacer ahora era soltarse de las ramas para descubrir qué había en el fondo de la madriguera del señor Conejo.

Colorín colorado... la princesa ha despertado

TOCANDO FONDO

Entonces Alicia sintió el fondo de la madriguera, y al reconocer que ya había terminado de caer, no le quedó más que abrir los ojos, se apresuró a levantarse con una mezcla de miedo, incertidumbre y sí, un poco de valemadrismo. Porque cuando sientes que has perdido todo lo que antes te definía, pues ¿qué más puedes perder? (Eso digo yo, sin desafiar al universo, jajajaja, pero así me sentía).

Eso era abrir los ojos por la mañana. Algunos mortales lo denominan depresión, falta de motivación. Para mí, la experiencia fue más como un montón de preguntas en mi cabeza, que revoloteaban sin parar aun antes de bajar los pies de la cama. "Otro día más… Tengo muchas cosas que solucionar, y ni siquiera tengo ganas de hacerlo. No sé ni por dónde empezar. ¿Por qué arreglo una cosa y se descompone otra?"; "Esto, ¿qué sentido tiene?". Estaba luchando contra la corriente.

Lo más pesado era verme al espejo y no saber exactamente quién era yo en ese punto. ¿Dejé de ser la princesa de mi cuento de hadas? "Ahora, con todo mi mundo de cabeza, ¿me habré convertido en la bruja?"; "¿Seré ahora Maléfica como muchos opinan de mí en la oficina?".

Pasé de creerme Alicia a ser la Reina de Corazones pidiendo que le corten la cabeza a quien osara desafiarme. ¿Era tanto mi enojo? Y estos veinticinco kilos encima de sobrepeso tampoco ayudan a sentirme como la buena del cuento. Porque, seamos honestas, en el estereotipo de nuestras grandes heroínas, estoy segura de que nunca, en toda su vida de cuento de hadas, ellas han tenido que hacer una dieta o comer lechuga *light*, solo las villanas como Úrsula tienen sobrepeso. "¿Será que mi cuento ya se descompuso?"; "¿Será que el escritor se rindió con mi historia?".

Cuando te ves al espejo y no te reconoces, cuando te despiertas en la mañana y sientes esa pesadez, es el momento de tocar fondo, no para hundirte, sino para decidir quién quieres ser: heroína o villana, víctima, espectador o tomar la pluma del escritor en tus manos de una vez por todas.

Entonces recordé la frase que siempre decía mi socio: "Tú eres todas las posibilidades". "¿Yo soy todas las posibilidades?". ¿Qué carajos significa eso?, ¿basura motivacional o sabiduría ancestral? Porque en momento así sientes que los más "evolucionados" hablan en otro idioma, tan complejo de entender para una simple mortal.

Ahí estaba mi amada Alicia, tirada en el suelo del país de las maravillas, viendo su mundo patas pa'rriba y, con el último suspiro de esperanza, alzando al Cielo la gran pregunta: "¿Y ahora qué sigue?, ¿cómo salgo de aquí?, ¿qué hago?". O en términos de Alicia, preguntándole al Gato: "¿Podrías decirme por favor cuál camino seguir para salir de aquí?". "Esto depende en gran parte del sitio al que quieres llegar, si no sabes a dónde vas poco importa el camino", respondía el Gato.

Tal vez, en ese punto, no tenía muy claro hacia dónde quería ir, lo único de lo que sí estaba totalmente segura era que esa no era la vida que yo quería vivir, y que nadie la iba a cambiar por mí.

Si yo soy todas las posibilidades, entonces puedo ser Alicia y la Reina de corazones, Úrsula y el Conejo que corre tras el tiempo, puedo ser la amazona y la reina del mal, puedo ser Mulán, Mary Poppins o Peter Pan, y eso también está bien. Fue así que empecé a recibir las respuestas como si se tratara de magia pura. No sé si siempre estuvieron ahí, pero yo no había puesto la suficiente atención.

Sí, es cierto, tú eres todas las posibilidades, solo tienes que entender las reglas del juego, así que, a partir de aquí, te compartiré las reglas que aprendí esperando que este manual mágico te sea tan valioso como lo ha sido para mí.

Cabe resaltar que esto se ha sabido en todos los tiempos, aplica en todas las dimensiones y en todos los mundos. Esta información siempre ha estado ahí, solo debes prestar atención y, más allá de parar bien la oreja, abrir el corazón, que es la puerta real para conectar con esta sabiduría. La magia ocurrirá a medida que decidas practicarla en tu día a día.

Colorín colorado... la princesa ha despertado

SÉ EL AUTOR DE TU PROPIO CUENTO DE HADAS

Imagina que nuestra vida es un libro con las hojas en blanco, un cuento que apenas va a empezar a ser contado, que todas sus páginas están sin ninguna gota de tinta. Para que este pueda convertirse en una historia se requiere de un escritor, el cual, a través de su mente, su poder creativo y su energía podrá crear personajes, emociones, paisajes, historias, magia pura.

El escritor es la fuente mágica por excelencia, todo parte de él y regresa a él, no puede haber personajes que no hayan salido de su mente, y él no podrá experimentarse en diferentes aventuras si no es gracias a sus personajes, que deciden emprender el viaje, y que, en realidad, son uno, son parte de lo mismo, comparten la misma divinidad.

Aunque un personaje se vista de princesa y el otro de ogro del pantano, no están separados porque los creó la misma unidad.

Si ponemos como ejemplo el mundo de Harry Potter, todo ese universo inmenso, lleno de magia y con un sinfín de personajes viene de la mente de J. K. Rowling. Tanto Harry como Voldemort provienen de la misma fuente y representan dos formas diferentes en las que la escritora puede ver la misma historia, quien es capaz de percibirla desde el lado de la magia blanca y de la magia negra. Ella puede darles vida a más personajes necesarios para que suceda la aventura. Los personajes que surjan en cada historia, al final, son parte de la escritora, ella los imaginó, los pensó, planeó cuáles serían las aventuras que atravesarían, quiénes serían héroes, villanos y personajes secundarios. Y así mismo, ella, en una hoja, puede cambiar por completo el rumbo de cualquier personaje de su historia, el cual, de repente, de ser el villano se convierte en el protagonista con un vuelco del destino.

También quien escribe, antes de empezar, imagina la primera línea del libro, cuál será el propósito del cuento, qué personajes serán necesarios, qué lecciones deberá aprender el principal para cumplir su misión, a qué amigos necesitará conocer y qué enemigos tendrá que enfrentar. Esto es parte del "acuerdo de almas previo". Todos aceptan un acuerdo de amor jugando su papel para que la historia del protagonista pueda experimentarse.

Para el autor del cuento todos son hermosos, todos son amados, él puede entender la historia como un gran cuadro, donde es necesaria la participación de todos para que el cuento se desarrolle, para que la aventura tenga sentido; por eso no es capaz de juzgarlos, porque entiende lo hermoso de su esencia y su propósito indispensable en la historia.

Por ejemplo, ¿qué sería de la Bella durmiente sin la pinchadura de la rueca, sin la aparición de Maléfica? Pues nada, o no por lo menos en la aventura que se desató gracias a la participación de la "bruja". Esa combinación de personajes es importante y necesaria para contar lo que queremos contar, para experimentar lo que queremos experimentar.

Ahora, ¿puedes reconocer quiénes son los personajes, amigos y enemigos que te acompañan en tu cuento?, ¿puedes recordar que ellos aceptaron actuar ese papel para ti, para tu historia, para tu evolución solo por el inmenso amor que te tienen, aunque hoy creas lo contrario?

Te preguntarás: "¿Cómo que yo he contratado al mismo villano una y otra vez? Ni que estuviera bruta". Más bien es que no has logrado aprender la lección que ese personaje viene a enseñarte, y si no la aprendes con él, vendrá otro con una cara diferente, pero con el mismo propósito.

Entonces, ¿qué hacer?, ¿cómo puedes usar esta información a tu favor?

Hay dos formas de ver esta situación. La primera es creer que somos personajes aislados donde no tenemos ninguna participación en el cuento que se está narrando, vivir como si alguien más estuviera escribiendo lo que pasa en nuestra historia o lo que va a seguir pasando, como zombis, autómatas, siguiendo la corriente del cuento, lo que puede desatar una postura sumamente victimizada, como un "Y ahora qué más va a suceder"; "Qué mala suerte tengo"; "¿Por qué siempre me consigo al mismo tipo de novio?". En mi historia particular, por ejemplo, un "¿Por qué me están pasando estas cosas?";

"¿Por qué sucede esto con mi hijo, con mi trabajo, con mi cuerpo?".

Normalmente olvidamos que tenemos forma de comunicarnos con el escritor. La puerta es el amor y el libre uso de las emociones, callar la mente y abrir el corazón. Lo primero que debemos entender es que si no practicamos esto, se nos olvidará que es un cuento y que estamos jugando el personaje, entonces nos levantaremos en la mañana y, sin pensar nada más, nos montaremos en la botarga del personaje del día, así seguiremos el guion de la película que por costumbre se ha repetido una y otra vez en nuestra vida: la misma historia de desamor, con los mismos personajes, solo le cambiamos de nombre y de botarga al otro, pero es el mismo personaje sin cesar. "¿Por qué siempre elige puros patanes de novios?"; "¿Por qué nunca tiene éxito en sus trabajos por más que cambia de empresa?". ¿Te suena?. Se te puede ir la vida en eso y revivir la misma página de forma interminable.

La segunda forma consiste en recordar que es un cuento, un cuento lleno de amor escrito para que tú puedas manifestarte en todo tu esplendor, en todos los personajes que puedas, en todas las posturas que sueñes, y que siempre es necesario conectar con la fuente, acallando tu mente, los miedos que crea el personaje del día y siendo copartícipe del autor.

Como tú, yo y todos somos parte de la escritura divina, podemos participar activamente en la escritura de las siguientes líneas, usando el mismo recurso: TU MENTE, todo lo que crees se manifiesta en las páginas.

Por ejemplo, si yo pensaba que era la única que le estaba echando ganas en sacar la casa adelante en la parte económica, esta creencia se activaba desde que abría el ojo para empezar el día; entonces, ¿qué traje o qué botarga de qué personaje necesitaba ponerme en la mañana para poder actuar este personaje? Pues el de mujer amazona, que puede con todo y a la que nada la detiene. Para eso, necesitaba crear, en mi cuento, problemas, retos, escasez económica, una pareja que no me siguiera el paso en ese tema, alguien a quien rescatar para poder ser la fuerte heroína que nunca se rinde, si no la historia no podría desarrollarse. Si en el cuento de *La bella durmiente* hubieran invitado a Maléfica al bautizo, ahí terminaba el problema, no hubiera podido suceder nada.

Igual es en tu cuento. Tú creas una serie de eventos al decidir ver tu vida desde cierto disfraz, contratas ciertos personajes secundarios para que cobre sentido; te enojas y sufres desde ahí, filtras la información, juzgas y decides desde ese punto de vista, de modo que cada vez que te levantas, que le das vuelta a la página, dices: "Otra vez voy a jugar el mismo personaje, contrataré a los mismos acompañantes y sufriré por recorrer el mismo camino". Hay millones de seres humanos que se quedan así toda su vida ("Acompáñenme a ver esta triste historia"), pero, seguramente, tú no, y es por eso que estás leyendo esto el día de hoy.

Si logras entender de forma simple y clara que tu mente se conecta vía *bluetooth* a la pluma del escritor, y que tienes el poder creativo de escribirlo, ¿te estarías contando la misma historia?, ¿seguirás poniendo las mismas reglas del juego para ganar o para perder?

Sé que lo has escuchado muchísimo, y esta va a ser una vez más, pero la única forma de separarte de la botarga del personaje que estás decidiendo usar, como si fuera un cierre para quitarte el traje, es la meditación. Necesitas practicar ese momento de silencio, de poder observar si los pensamientos que surgen son reales, son tuyos, son de la actuación. Es como si estuvieras grabando en un set y el director grita: "Corte, se imprime y queda" y pudieras caminar fuera de ahí para encontrarte con tu verdadero yo.

Sea cual sea la película, desde un día en el que actuarías en una comedia romántica, hasta uno en que fuera una digna película de terror, al conectarte a tu verdadero yo, callando las voces, te permites llegar a la paz de que "Nada real puede ser amenazado" (como dice Helen Schucman en *UCDM*), es solo una historia para decidir ahora qué cuento quieres actuar.

Hay que limpiar la conexión *bluetooth* para que llegue la más alta señal, mejor que 4G, sin interferencias, esto se hace entrenando tu mente.

1. **Aprende a meditar.** La mente es como un niño pequeño en juguetería, que vaga de un pasillo a otro sin parar, como si hubiera tomado un *shot* de cafeína. Abre un juego y lo arma mal cuando ya está curioseando en otro. No te molestes, solo recuérdale de forma amorosa que es necesario

regresar al juguete que tiene enfrente, que después habrá más tiempo para el otro nuevo. Puedes empezar con meditaciones guiadas, que abundan en YouTube, y practicar por tiempos, cinco minutos, luego diez, luego más. Si durante la meditación divagas, respira y recuérdale una vez más a tu mente que eso lo revisas más tarde, que ahorita solo ponga atención en el audio que está escuchando. "La práctica hace al maestro". No te rindas, cada vez se volverá más sencillo y te darás cuenta de cómo esos pequeños minutos te permiten recordar qué es lo verdaderamente importante. Después podrás hacerlo sin necesidad de ningún audio hasta lograr estar en el presente el mayor tiempo posible mientras comes, mientras haces ejercicio y tomas un café.
2. Una vez que tu mente esté limpia y en calma, viviendo en el presente, podrás entonces crear, de forma consciente y clara, las siguientes páginas de tu libro, dejar de juzgar a los personajes alrededor y aprender a ser agradecido por la ayuda y servicio que le están prestando a tu historia y a tu propio personaje. Entonces decidirás, de una vez por todas, si quieres escribir un cuento de Halloween o una historia de amor.

Colorín colorado... la princesa ha despertado

RECUPERAR TU REFLEJO

Érase una vez en una tierra no tan lejana, en un mundo no tan fuera de la realidad, una reina de un gran castillo, que día tras día hacía parte de sus costumbres preguntar frente al espejo si era la más linda del reino.

Cuentan por ahí los relatos que llegó el día en que, al volver a preguntar en el espejo, un reflejo que no era el suyo le contestó: "Sí que eres hermosa, mi reina, pero hay una más hermosa en el reino y se llama Blanca Nieves".

Aunque ella en el fondo sabía que era bonita, dejó de verse así y empezó a creer en lo que ese reflejo extraño le confirmaba. ¿Por qué dejó de confiar en lo que ella sabía e insistió en preguntar y escuchar la opinión de alguien más? ¿Te parece absurdo? Pues la verdad es que es más común de lo crees.

¿Cuántas veces has distorsionado tu reflejo en aras de lo que te dicen otras personas que eres?: cuando te dicen que no eres capaz o que no mereces algo o que no eres tan lista o tan delgada o tan guapa, o que no mereces un amor bonito o tener una vida de abundancia. No creo siquiera que puedas darte cuenta a tiempo de las tantas personas que se han tomado en serio el dar su opinión sobre quién eres empañando una y otra vez el espejo, capa tras capa, opinión tras opinión, con un comentario aparentemente inocente tras otro sobre lo que ahora tú das como válido al verte.

Porque ahora ya no solamente no te reconoces en el reflejo, sino que te juzgas, puesto que no encajas en la imagen que, según nuestra sociedad, tú deberías de reflejar: una madre siempre feliz, que nunca se molesta, se cansa o quiere salir corriendo al cerro por unos minutos de silencio; una mujer delgada y perfectamente arreglada; una persona que siempre ve las cosas de la forma más positiva, que nunca se despeina; la esposa que, después de una larga jornada de trabajo, llega a casa a esperar a su esposo con una copa de tinto en la mano y un sexi *negligee*, por mencionar algunas expectativas. Porque si no, se escuchará esa voz en el espejo que te recriminará cómo es que Blanca Nieves sí lo hace perfectamente, y tú no.

Bueno, pues después de encontrarme tirada en el país de las maravillas, rendida y sin saber por dónde empezar, uno de los temas que en definitiva eran primordiales por revisar era mi autoconcepto, la imagen que tenía en ese momento de mí misma. La verdad, ya no sabía ni quién era, creo que ni siquiera me caía bien.

Recuerdo una noche de insomnio después de ir a un curso de crecimiento personal, donde la *coach* me preguntó: "¿Quién es Alma?". A lo que velozmente contesté, más rápido que el poema de "Banderita, banderita tricolor...": "Yo soy Alma Cárdenas, trabajo en Planem, soy mamá de Leo y

Luca, estudié Relaciones Industriales en la Panamericana, soy esposa de Juan Pablo…". Y me paró en seco: "No, no, perdón, te repito la pregunta: "¿Quién es Alma? No cuáles roles desempeñas. ¿Qué le gusta hacer a Alma?, ¿qué te define?". "What?". "¿Por qué no podía ni contestar?".

Tenía tanto tiempo preocupada y ocupada en cumplir los roles que me había contratado o intentando convertirme en el reflejo perfecto de cada uno de los espejos a los que les preguntaba por las mañanas, que el espejo del amor propio, mi propio espejo, se había empañado completamente, estaba empolvado de haber sido olvidado en el sótano del castillo, y era necesario sacarlo de ahí.

Cuando dejamos en el olvido nuestro propio espejo, la única forma en la que podemos observarnos es a través del reflejo que vemos de otros, pero, igual que como funciona este artilugio mágico, el reflejo que ves es lo contrario; es decir, si tú levantas la mano derecha en el espejo, pareciera que es la mano contraria; del mismo modo, cuando te ves en otra persona, puede ser que veas lo contrario a lo que estás acostumbrado a ver, y entonces comienza el juicio.

No ponemos atención en lo que se nos está revelando. Si el tema no fuera algo que es importante que veas de ti, como Conde Drácula, ni cuenta te darías que estás frente a un espejo, porque no se proyecta nada, simplemente está vacío, no es tema de interés para su personaje.

Es decir, una princesa como Mulán podría ver de frente a la Bella durmiente y pensar: "Pero qué pereza de historia, ahí está inmóvil en esa cama esperando a que alguien le resuelva la vida, no toma las cosas en sus manos, ¿cómo puede existir una mujer así? ¡Que la quemen en la hoguera!, ¡que le corten la cabeza!, ella no es como yo, temeraria, valiente, doña guerrera amazona, señora empoderada, directora del DIF, a quien nada la detiene".

En el momento en que Mulán tiene esta reacción por simplemente percatarse de la existencia de Aurora, no es otra cosa que una llamita en su interior que se ve reflejada en Aurora misma, pero que no le gusta lo que ve, o que está muy asustada o enojada para admitir que en ese espejo se asoma su linda carita. ¿En qué otras áreas de su vida ella se queda inmóvil y paralizada esperando que alguien le solucione?, ¿cuántas veces desearía pedir ayuda?, ¿o al cerrar los ojos en su cama todo se solucionará como en un sueño mágico eterno, tal como lo hace su compañera princesa? Mulán también lo piensa, también lo siente, solo que no ve como válido decir ante ese reflejo: "¡Mira!, ahí estoy yo también, qué curioso... y sigo siendo linda, fuerte y valiente. Esa también soy yo". En lugar de eso, niega su sombra con todas sus fuerzas pegando sobre su espejo parches y pintando manchas para que nadie más lo vea.

Ahora, ¿cómo recuperar tu reflejo?, ¿cómo sacarlo del sótano del castillo?, ¿qué hacer para limpiarlo y que vuelva a reflejar la imagen real? Esta fue mi experiencia.

Leí un libro que me pareció mágico y revelador *El poder del espejo*, de Louise Hay; en él te sugiere hacer un reto de veintiún días con un trabajo frente al espejo. Sonaba padrísimo y digno de publicar en las redes sociales como buena *millennial*, y ¡ahí voy!... "¡A la guerra, mis valientes!".

Aquí va mi descripción literal de lo que sucedió en el día uno, guía en mano, espejo del baño, luz de maquillaje prendida para verme con claridad; obviamente, muy temprano en la mañana mientras todos dormían en casa y a puerta cerrada, porque "¡Qué oso que alguien me viera haciendo estas cosas de 'crecimiento personal'!, suelen ser una bola de tonterías —pensé—, pero estoy tan en el hoyo que estoy dispuesta a intentarlo , así que leo los pasos en voz alta":

1. Colócate de pie o sentado frente al espejo de tu cuarto de baño.
2. Mírate a los ojos.
3. Respira profundo y repite esta afirmación: "Quiero que me agrades, deseo sinceramente aprender a amarte, vamos a intentarlo y a divertirnos mucho haciéndolo".
4. Respira profundo y repite de nuevo: "Estoy aprendiendo a que me agrades de verdad, estoy aprendiendo a amarte de verdad".

¡Claro! No fui ni capaz de sostenerme la mirada a mí misma sin que se me pusieran los ojos de Remi, dejando escapar unas lágrimas. ¿Cuánto tiempo estuve viéndome al espejo sin verme a la vez?

Honestamente, me costó muchísimo esfuerzo llevar ese reto a la práctica, pero fue un gran primer paso reconocer que ya no me veía a mí misma, por lo que ¿cómo podía pedir a los demás que me vieran, que respetaran quien era, si ni siquiera yo era capaz de hacerlo por mí?

Así que este es de los primeros grandes pasos que te recomiendo hacer. Date ese tiempo a solas contigo misma, tu mejor relación a largo plazo, para reconectar contigo, para recordar tu magia, para recordar quién eres, qué te hace única.

Debo confesar que para esas alturas no me caía nada bien, había comprado por completo que era una mujer fría y calculadora, enojada, reina de corazones que amaba cortar cabezas. Así que la primera que debía cambiar de personaje, de cuento y de espejo era yo.

Al principio era complicado, sobre todo aprender a pasar más tiempo conmigo misma, en mi completa compañía, estar sentada en una banca del parque con audífonos y música, solo observando cuál pareja de recién enamorados pueden pasar más horas tomados de las manos en silencio. Lo que pasó fue re-empezar una relación conmigo en camino a enamorarme de mí.

Lo más complejo fue no recurrir en esos momentos al mejor de los amantes, el que ayuda siempre a ponerle el cuerno a la realidad, sí, mi amado teléfono celular, lleno de diversión, mensajes, redes, pendientes, juegos, pretextos perfectos para engañar a mi momento conmigo misma. Para ello, empecé a practicar al inicio solo cinco minutos antes de entrar a trabajar a la oficina: me sentaba en la banca del parque donde me gustaba estacionarme, me colocaba los audífonos y ponía música de Carla Morrison, jajaja. Porque, ya sabes, soledad, tristeza, nostalgia, pues Carla Morrison me acompañaba perfectamente.

Mi película de terror empezaba a convertirse un poco más en una comedia romántica donde tenía el *soundtrack* perfecto. "La práctica hace al maestro", así que fui aumentando el tiempo de cinco minutos a veinte; pasé de esconderme tras el celular a buscar sentarme en una cafetería sola. "¡Qué delicia!, un café con mi propia compañía". Luego pude comer sola e incluso irme a la plaza o al cine sin pedir la compañía de nadie. Porque yo me era suficiente. ¡A volver a cantar en el espejo, en el coche, a reírme con mis pensamientos y propios chistes locales!, ¡a la época actual, donde busco agendar tiempo de mí para mí, donde nadie más está invitado al banquete, solo yo conmigo, con mis pensamientos, con mis emociones, con lo que a mí me gusta hacer!

Entonces todo lo preparo con más gusto que si fuera a reunirme con el mejor *date*, porque ese es el punto: Recuperarte a ti mismo y verte al espejo con el orgullo de decir "*This is me*", como dice la canción de *The Greatest Showman*.

Así de extraña, así de peculiar, la combinación de magia negra y blanca, esta soy yo. Un día a la vez logré enamorarme de mí de nuevo, como si fuera sacando un trapito húmedo para limpiar ese espejo del sótano. Lo hice como nueva costumbre. Dejé de preguntar en el reflejo de los demás qué esperaban de mí o qué opinaban de mí, para solo preguntar en el espejo que era importante, el de la protagonista: "Espejito, espejito, ¿quién es la más hermosa de mi reino?". "Tú lo eres, no lo dudes ni por un segundo".

Colorín colorado... la princesa ha despertado

RADIO MALÉFICA

Una vez de pie, Alicia tomó su espejo con el reflejo más claro que nunca antes, lo puso en su mochila para que pudiera siempre acompañarla en su viaje, guardó también su libro con hojas en blanco y la mejor de las plumas para seguir escribiendo su historia. Sintiéndose un poco más fuerte, más amada y más segura, decidió dejar de correr tras el Conejo blanco para poder disfrutar de su camino.

Alicia siguió dando un paso tras otro cuando se percató que había música de fondo, que nunca estaba en completo silencio: a veces escuchaba música, a veces un viejo comercial pegajoso, en otras, una acalorada discusión entre voces de diferentes personajes, unos más intensos que otros. Se paró un momento en el sendero para prestar un poco de atención a esas voces, y preguntó: "¿Hay alguien ahí?, ¿hola?".

"Somos tus pensamientos. ¿Nos escuchas, Alicia? ¡Ufff! Qué alivio. Ya no seremos ignorados, estábamos cansados de hacer ruido, hablar y cantar sin ningún sentido".

Imagina que tu mente es como si fuera un radio, la estación que sintonizas depende de tu frecuencia energética; según como estés vibrando, la estación más cercana va a salir a buscar esos niveles y esa será la dulce melodía que escucharás en tu cabeza, además de los diálogos de sus conductores.

¿Te ha tocado sintonizar una estación de música de banda, donde pareciera que todos los conductores hablan igual, hacen el mismo estilo de chistes, comentarios y demás? Cuando cambias de estación a una de música clásica, no solo se modifica el estilo de las canciones, sino hasta el tono de voz de los conductores; pareciera que ahora susurran en lugar de gritar como lo hacían los de la estación anterior.

Ahora, ¿qué tal que te dijera que el radio de tu cabeza nunca se apaga, permanece prendido durante todas las veinticuatro horas? O por lo menos será así hasta que logres aprender dónde está el botón de *off*.

Sí, me imagino que te cuestionarás: "¿Y dónde se apaga esto?". Pero antes de apagarlo, necesitas entender de dónde viene.

En ese tiempo, en el que, como Alicia, había decidido emprender mi camino hacia la exploración personal, uno de mis mejores amigos, Juan Pablo Godínez, me regaló un libro muy interesante del Dr. David Hawkins, *El poder contra la fuerza*, en el cual explica que existen diferentes niveles de conciencia y, según la frecuencia en que te encuentres, experimentarás diferentes realidades: a menos conciencia, más resistencia y sufrimiento; a más conciencia, mayor aceptación y paz interior.

Esto sería como si cada frecuencia tuviera una

estación especializada en el tema. Así que te invito a que exploremos un poco qué opciones tenemos para elegir.

1. **Radio Sufrimiento (frecuencia 20-75).** Esta estación de radio tiene tan baja su frecuencia que no les alcanzó el presupuesto para contratar a mejores conductores de sus programas que a los patiños de los villanos de Disney, así que en este nivel escucharás las conversaciones de las tres hienas del *Rey León:* Shenzi, Banzai y Ed, en el horario matutino, y a Flotsam y Jetsam, las dos anguilas de Úrsula, por el horario vespertino, y cerrando la programación nocturna, Pánico y Pena, de Hércules.

Ven el mundo como un lugar de sufrimiento, apatía, culpa y vergüenza. Si recuerdas, sus vidas se experimentan como miserables, con completa desesperanza. ¿Puedes recordar a alguno de ellos soñando con un mundo mejor o con que su situación podría cambiar? ¿Los ves cuestionar a su villano amo y señor la misión de destruir a otro personaje? Ni siquiera eran capaces de concebir dejar de sentirse humillados, o que su propósito no fuera otro que la destrucción. La forma en la que ven a Dios o al superhéroe de la historia es altivo e inalcanzable, como alguien que solo quiere censurarlos, desaparecerlos de la faz de la Tierra. ¿Puedes escuchar la música de estos personajes? Es oscura, densa y un tanto depresiva.

2. **Radio Maléfica (frecuencia 175-100).** Esta es la estación por excelencia de los villanos de Disney. Orgullo, ira, deseo, miedo y sufrimiento. Todos los que creen que su vida es antagónica, que tienen que vengarse de todos los que los han dañado, impidiendo que tengan su final "felices para siempre". Los programas que podrás escuchar cuando sintonizas aquí son: "Mi jefe es el culpable de mi sufrimiento"; "Si haces eso, estarás condenado a arder en las llamas del Infierno", "Platicando con el Grinch, ¿por qué odiar solo en Navidad si puedes hacerlo todo el año?", "Déjame te explico por qué soy mejor que tú".

Cuando tu mente decide estar en esta frecuencia, sin darte cuenta estás manejando y de pronto empiezan esas conversaciones de por qué todos tus amigos en redes tienen mejor vida que tú, que ojalá sufrieran como tú; o de la nada te rebasa un coche y empiezas a pensar que destruyes al conductor con un rayo de furia que sale de tus ojos. Todos esos diálogos de enojo, de venganza, vienen de este nivel. Aunque no te des cuenta, has encendido tu radio en esa estación y no cambiará, a menos que aprendas a subir tu frecuencia; de no ser así, es como estar en la carretera y que tu coche solo alcance a sintonizar este programa antes de quedar "sin señal".

3. **Radio Kung Fu Panda (frecuencia 200).** Aquí todo empieza a cambiar, nuestro conductor estrella es

Po y está decidido a cambiar su historia; ya se envalentonó, sabe que apenas empieza el camino, pero está puesto y dispuesto a ponerse las pilas para lograrlo. La música de fondo, en definitiva, es "Gonna fly now", de *Rocky*, o si te gusta más la música de señora empoderada, oirás de fondo a Lupita D'Alessio con "Hoy voy a cambiar". Escuchas a Po, con frases como "Puedo hacerlo". La vida te entusiasma, la productividad, la independencia y la autocapacitación son parte de la conversación. Sintonizas en esta estación cuando te decidas a hacer esos cambios. Esta empieza a ser la primera de las estaciones que te llevará hacia la paz interior. Feliz primer paso.

4. **Radio Doris (frecuencia 250-350).** Démosle la bienvenida a nuestra anfitriona, Doris, de *Buscando a Nemo*. Esta es la estación de la neutralidad, la voluntad y la aceptación, donde se vive de forma cómoda, práctica, libre de emotividad. Los radioescuchas de esta frecuencia suelen ser amables, serviciales, quieren ayudar y estar para los demás. Escucharás frases como "Nadaremos, nadaremos, en el mar, el mar, el mar". Te sientes bien de cualquier modo, libre de posiciones rígidas. No criticas, no compites, puedes tener amistad con un tiburón en rehabilitación, disfrutar de brincar encima de una medusa, nadar con tortugas dejándote llevar por la corriente. No presentas ninguna resistencia, solo nadas y

fluyes de forma libre. Confías en el inmenso mar y lo ves como un lugar pacífico y a Dios como un ser consentidor. "Soy consentido de Dios"; "No te estreses, tú fluye"; "Ni me di cuenta de que me dijo algo feo"; "La vida va bien. Tú y yo estamos bien. Me siento en conexión con la vida". En esta estación empiezas a soltar equipaje para viajar más ligero. Feliz primer paso en dejar de juzgar las cosas como buenas o malas, simplemente son. Tú sigue nadando y, si puedes cantar, mejor aún.

5. **Radio Merlín (frecuencia 400).** Esta es la estación de todos los sabios y hechiceros que conoces. En esta frecuencia te sorprenden tus pensamientos por la facilidad de ser objetivos y tomar decisiones rápidas y correctas. Es la mejor estación para resolver problemas. Podrías imaginar que los conductores se sientan en una sala de consejo con los grandes sabios que conoces: Merlín, Dumbledor y el Búho de Winnie Pooh. Los programas de esta estación hablan sobre temas de ciencia, filosofía, medicina y lógica. En definitiva, no puedo imaginar otra música de fondo que no sea la quinta sinfonía de Beethoven.

6. **Radio Amor (frecuencia 500).** Hemos llegado a la estación de todos nuestros superhéroes y superheroínas, que, al final, son personas como tú y como yo, que han logrado escuchar a su corazón, entender que la única respuesta es el amor: el amor todo lo puede, el amor perdona, nutre y

apoya, no procede de la mente sino que ama con el corazón.

Ama en su totalidad, no en los detalles. Eres capaz de ver el valor intrínseco y la amabilidad con todo lo que existe. ¿Recuerdas que te dije que podías conectar con el autor de la fuente divina que escribe tu cuento? Este es el primer paso de su frecuencia, aquí pueden conversar en conexión directa. En esta frecuencia comprendes la importancia de cada miembro de tu historia, y agradeces su participación en tu cuento personal, porque comprendes con el corazón que son parte de tu acuerdo entre almas, que están a tu servicio para que aprendas y experimentes tu propósito. Aquí la música de fondo es sin duda "La vie en rose" o alguna balada donde suenen cantos de pajaritos y empalague como tarro de miel.

7. **Radio Alegría (frecuencia 540).** No puedes conectar en esta frecuencia sin imaginar a una sabia anciana en el bosque, ya sea la Abuela sauce, de *Pocahontas* o la Bruja del bosque de *Valiente*. En esta estación reina el buen humor por la vida. Es esa voz que te apapacha con toda la ternura del mundo, que te hace sentir querida, amada incondicionalmente, a pesar de las circunstancias y las acciones de los demás. El mundo se ilumina con una exquisita belleza que se ve en todas las cosas. Te haces uno con la divinidad, como la Abuela sauce, que es anciana, es árbol, es una fusión ¿o

es todo en uno? Tienes una enorme compasión y paciencia, un sentimiento de unidad con los demás y una honesta preocupación por su felicidad. Te sientes autorrealizado y autosuficiente.

8. **Radio Yoda (frecuencia 600-1000).** Bienvenido a la última estación, también llamada Radio Illuminati. Su conductor maestro es Yoda bebé, porque es más tierno aún que el original y alcanzó la iluminación a su corta edad. En esta estación se encuentran Buda, Jesucristo y todos los grandes maestros que admiramos por su impacto en la humanidad. Las frases que escucharás aquí probablemente las repitas veinte meses en tu cabeza para poder terminar de entender su significado con la simpleza que ellos pueden transmitir. Nunca son grandes discursos, sino frases iluminadas y contundentes. Experimentas la paz en su perfección, felicidad, fluidez y unidad. Te has fusionado con el autor, ya no hay dualidad, ya no están separados. Tu paz sobrepasa cualquier intelecto e iluminación. Música de fondo: creo que hasta Enya o una música de 432 Hz o música tibetana para meditación, pero le quedan cortos a la frecuencia que escucharemos aquí, pues ya es la música en sí.

Ahora puedes darte cuenta de qué música de fondo y de qué estación eres radioescucha fan, esa a la que, por no ponerle atención, has decidido escuchar todo el día, todos los días, mientras te bañas, corres, cuando haces ejercicio, o bien con la que conectas ante la mínima provocación en tu día. Lo peligroso de esto es que, por no ser consciente de que tú puedes cambiar de frecuencia, te resignas con un: "Esta es la música con la que me tocó bailar, estoy teniendo un mal día, un mal año o una mala vida".

Voy a compartirte cómo experimenté este tema en mi cuento. Yo solía sintonizar con mucho gusto Radio Maléfica. Me sentía muy atorada en que la vida no estaba siendo justa conmigo. Si yo hacía todo bien, ¿por qué me pasaban esas cosas? Escuchaba esa estación durante gran parte de mis días, pensando en cómo defenderme de quien me hiciera daño o hiciera algún comentario para "herirme", y reaccionaba intentando ganar el juego, el argumento, tener la razón, lo que fuera necesario para sentirme orgullosa de que nadie se iba a meter conmigo, porque yo podía ser más fuerte o más brava. Después de todo, soy de Sinaloa, ¿no?

¿Quién quiere meterse a mi territorio? Si me gritas, yo te gritaré más fuerte. Vivía con muchísima ira. Imaginé miles de veces mientras iba manejando, cuando alguien se metía a mi carril sin hacer fila o me aventaba el carro, que me bajaba de mi coche para enfrentarlo y decirle: "¿Quién te crees para brincar la fila? A mí me respetas". Ira, mucha ira, mucha necesidad de sentir que vivía en una jungla de asfalto. Eso me provocó obviamente gastritis, colitis y muchos muchos pleitos.

Otros días sintonizaba en Radio Kung Fu Panda. Más envalentonada que Po o que Rocky subiendo las escaleras en su entrenamiento, me decidía a tomar mi vida en mis manos. ¡Ahora sí!, se les acabó su gordita. ¡Voy a bajar esos veinticinco kilos! Me levantaba para ir al *gym*, pero entre esa estación y la interferencia que ocasiona Radio Maléfica, pues ahí iba entre un "Sí puedes, venga, no te rindas" y un "Es ridículo, ¿ya te viste?, ya mejor sé una gordita simpática, da igual". Era una batalla campal entre Maléfica y Po todo el tiempo, mientras yo me quedaba como espectadora de mis pensamientos tragando palomitas, como si ellos pudieran ponerse de acuerdo o alguien de afuera de mi cabeza fuera a venir un día a ponerlos en paz.

Sin embargo, veía a personas a mi alrededor, más iluminadas en mi juicio, felices, tranquilas, siempre con una frase sabia. Y pensaba una y otra vez: "¿Cómo lo hacen?, ¿estaré muy güey?, ¿será que eso no me tocó en esta vida?"; "A mí me toca pelearme en el tráfico y ¿tomar Omeprazol para mi gastritis?". Pero cuando Juan Pablo Godínez, mi amigo, me regaló este primer libro, luego el segundo, *Dejar ir*, del mismo autor, y luego el tercero, el cuarto y no se rendía en compartir la información conmigo, dije: "Bueno, lo intentaré, a la mera y algo se me pega y puedo estar más tranquila". Ahora que repaso esta escena me da risa pensar que mi ángel de la guarda ha de haber estado muy cansado: "Ya, Alma, por piedad, abre el libro". Jajajaja, eso sí, se veían muy intelectuales e iluminados en mi buró.

Recuerdo que, si algo me molestaba sobremanera en ese tiempo, era que alguien me dijera: "Pues fácil,

Alma, tómate una pastilla de valemadrina, déjalo ir, no te enganches". ¿Neta? Dime dónde la venden y me compro cien. Pero no entendía cómo. Así que entender que somos energía y que nuestro nivel de frecuencia impacta en nuestra conciencia y nuestra paz, fue de gran utilidad.

Años después, mi gran pregunta en un diplomado que tomé de neuroevolución, con Pablo Merino, fue: "Sí, sí, ya me quedan claros los niveles, o sea, las estaciones de radio que te platiqué al inicio de este capítulo, pero dime cómo le hago para cambiar de estación. Obvio, de querer, pues quisiera conectarme a Radio Yoda ya". Pero bueno, en esa época, con ir subiendo me daba por bien servida, porque estaba peor que celular en carretera: "sin señal", y me urgía sintonizar con una buena melodía.

Es importante compartir contigo que el que vayas subiendo de frecuencia no te garantiza quedarte estacionada ahí, no es un lugar ganado inamovible, es solo que ahora tienes grabadas esas estaciones en tu radio. Si subes tu frecuencia a Radio Alegría, por ejemplo, ahora puedes sintonizar ahí o en Radio Amor, Radio Kung Fu Panda y todas las seis hacia abajo, porque tu antena es capaz de conectarse y ver el mundo desde todas esas posibilidades, Ahora eres consciente de que tú eliges qué estación escuchar. Ya tienes abiertas las opciones.

Ahora te compartiré algunas prácticas útiles para tu día a día, que ayudan a elevar tu frecuencia.

Colorín colorado... la princesa ha despertado

LA ABUELA SAUCE

Ahora que eres más consciente de que tienes encendido el radio de tu cabeza todo el tiempo, vamos a revisar cómo puedes cambiar de estación o bien apagarlo por unos momentos.

Lo primero es que nos demos cuenta de que lo que escuchamos no es real, que vale la pena cuestionarlo, porque no sólo lo escuchamos, sino que hasta imaginamos la escena de la película o cuento que nos estamos inventando en ese momento y eso lo hace aún más real. Nuestra mente no diferencia entre lo que pasa en ficción y realidad.

Recuerdo que, al tener constantemente sintonizada la combinación entre Radio Maléfica y Radio Kung Fu Panda, era totalmente agotador, insoportable, como una lucha constante entre poder y no poder cambiar mi situación. Pero en mi búsqueda por salir del hoyo de la madriguera del Conejo, ya no era una opción para mí seguir atrapada. Así que, sintiéndome como Alicia, parada en esta bifurcación del camino, decidí tomar el sendero de "Sí puedo".

Así empecé a dar los primeros pasos de esta nueva aventura, a re-sintonizar la radio de mi mente. Como todo empieza en los pensamientos, es importante revisar cuál es su origen, ¿de dónde vienen?, ¿cuándo comenzaron?, ¿en qué capítulo de la historia se escribieron?, ¿fue en la infancia?; ¿cuándo fue la primera vez que se tocó ese tema?, ¿qué dijeron esos otros espejos?

    Imagina ahora que en tu infancia repartiste muchas plumas de escritor a varias figuras de autoridad para ti, y les diste todo el permiso, sin darte cuenta, de ser coescritores de tu cuento. Un día tomaba la pluma tu mamá y tal vez sin darse cuenta escribió en tu libro: "Alma es muy inteligente, pero es muy desordenada con su cuarto, siempre deja sus Barbies tiradas por todos lados". Y con la repetición de estas líneas, pues, como magia, mi personaje adoptó la idea de ser inteligente pero desordenada. ¿Eso pone feliz a mi mamá? Sí, cuando me muestro inteligente la pone feliz. Pero cuando me porto desordenada con mis cosas, la pongo triste. Entonces, ¡ya está!, no debo ser desordenada con mis cosas para no molestar a mamá. De ahí, se desarrolla la característica en mi cuento de que debo ser inteligente y ordenada, así todo estará bien y el reino vivirá en paz.

    Pero ¿qué crees?, al día siguiente le diste otra pluma a tu papá, y él escribe otras líneas al respecto de qué está bien o qué está mal que haga la protagonista de la historia. Y al siguiente día la pluma la trae tu maestro de la escuela, o tu amiga de la cuadra, o el sacerdote de la misa del domingo, o lo que dicen la TV o las redes, por mencionar algunos ejemplos. Poco a poco se fueron escribiendo esos primeros capítulos de tu libro y definieron las ideas principales, que regirán tu vida adulta, sobre qué está bien y qué está mal; qué te hace ser merecedora de amor, aprecio, reconocimiento o un final feliz.

Si no regresamos a releer esos capítulos y borrar todos aquellos que nos quitan la paz mental para reescribir nuevas líneas, seguiremos escuchando la estación de radio que nos parezca más familiar y sintonice con esas ideas. De hecho, puede estar sucediendo que hayamos tomado prestada la radio de mamá o papá para atender sus propios programas favoritos sin cuestionarnos si es la música que queremos seguir escuchando cuando somos adultos o son gustos musicales heredados.

Entonces, ¿cómo distingues entre una historia de ficción ajena y tu realidad? La historia de ficción ajena tiene el sello del otro autor, tiene que ver con su historia, sus creencias y sus expectativas al respecto; tu realidad, en cambio, se siente bien, es lo que es, no hay términos grises, te genera certeza; tu mente lo sabe, tu cuerpo lo sabe y, lo más importante, tu corazón lo sabe.

¿Cómo podemos sintonizar en la estación correcta? Te comparto un ejercicio que he aprendido con varios autores como Steve D'Annunzio, Enric Corbera, Laura Gutman o Kamal Ravikant, por mencionar solo algunos de los muchos que, gracias a que han compartido sus experiencias a través de sus libros, hacen posible que la información siga fluyendo. Es una forma práctica y resumida de aplicarlo en tu día a día.

Estás en un día común y corriente de tu vida, cuando te llega un mensaje de texto para recordarte que en unas semanas será el viaje a la playa con tus compañeros de trabajo. Inmediatamente, se enciende la Radio Mente, con su programa favorito sobre ese tema: "Estás más gorda que nunca, te dije que te tenías que poner a dieta. Me choca tener que usar traje de baño frente a todos. Claro que cuelgan las carnes, porque así quedas después de tener hijos. ¿Y si mejor me pongo una salida de baño enorme para que no se vea mi cuerpo?...". Ya has sintonizado tu programa favorito de falta de aceptación a tu cuerpo. Si no te das cuenta, tocará 24x7 la misma melodía sin parar. Esa emoción de enojo y falta de aceptación dispararon un sinfín de pensamientos sin tregua.

¡Alto! Baja el volumen del radio y corre por una hoja de papel, escribe, escribe y escribe; no lo hagas en la mente, porque esta es muy hábil para sacarle la vuelta al ejercicio, y Maléfica se saldrá con la suya. Recuerda que la manipulación y sed de hacerte sentir pequeña e insuficiente es parte de sus habilidades principales.

Paso 1. ¿Cuál es la situación actual?

Narra con todo detalle qué estabas haciendo cuando se prendió la melodía de tu Radio Mente: día, hora, lugar; ¿cuál fue el suceso que hizo que se encendiera?, ¿qué estabas haciendo minutos antes?, ¿estabas sintonizando una estación de baja frecuencia?; ¿qué música había de fondo en tu cabeza?

Ejemplo: "Estaba frente al espejo del baño arreglándome, pensando o escuchando mi Radio Mente en la estación de Maléfica, reclamándome que me apretaba la blusa que decidí ponerme en la mañana; entonces sonó la alerta del mensaje en mi celular, con el recordatorio del viaje a la playa, y, de forma inmediata, no solo se subió el volumen, sino la velocidad con la que hablaba la conductora, para soltar todas las frases ensayadas sobre el tema".

Paso 2. ¿Qué dicen los conductores de la estación de radio que escuchas?

¿Cuál es el diálogo y las frases ensayadas que dice Maléfica al respecto?: "Estás más gorda que nunca"; "Te dije que te tenías que poner a dieta"; "Me choca tener que usar traje de baño frente a todos"; "Claro que te cuelgan las carnes, porque así quedas después de tener hijos"; "¿Y si mejor me pongo una salida de baño enorme para que no se vea mi cuerpo"..., bla, bla, bla.

Paso 3. ¿Cómo te hace sentir?

¿Qué emociones surgen con esta conversación? Cuando sintonizamos en esa frecuencia, las emociones más comunes son: dramatizar, sobreactuar, comportamiento muy sensible y a la defensiva, ver enemigos, entrar en pánico, sentir culpa, tornarse obsesivo con el tema y ser muy cruel con uno mismo, por mencionar algunos. Ya te imaginarás la hermosa melodía de Halloween.

Paso 4. El viaje en el tiempo

¿Cuál es el origen de estas emociones? Regálate unos minutos para viajar en una máquina del tiempo. Vamos hacia atrás, lo más que puedas. ¿Listo? ¿Cuándo fue la primera vez que esto fue un problema para ti?, ¿en cuántos capítulos de tu historia se ha tocado este tema?, ¿puedes recordar caras, frases, momentos en tu vida que se ha escuchado la misma canción, peor que *jingle* pegajoso de comercial de los noventa?, ¿cuáles son todas esas frases? ¡Escríbelas! ¿A quiénes les repartiste esas plumas de coescritores?, ¿qué líneas se escribieron sobre el tema?

Al hacer este ejercicio, puedo escuchar, de forma repetida, la frase: "¿Para qué quieres ser delgada si ya eres inteligente?", como si una cosa estuviera peleada con otra. "Lo que pasa es que estás llenita, porque no le echas tantas ganas a la dieta"; "Hay personas que comen y no engordan, ni modo, a ti te tocó ser de las que respiran y engordan"; "Lo bueno es que tienes una cara bonita, imagínate si estuvieras delgada"; "Con tu personalidad, si estuvieras delgada partirías plaza"; "Tu hermana es delgada como la familia de tu papá, tú heredaste el cuerpo de la familia de tu mamá, así somos, caderonas, grandotas". Puedo recorrer cientos de capítulos en mi vida, donde pareciera que el peso es una cuestión más genética que de hábitos, como si fuera la rifa del boleto dorado de la fábrica de chocolates de Willy Wonka, en la que simplemente no me tocó la suerte de ganar, pero si lo lograra, mi vida se arreglaría mágicamente; por lo que cualquier pista de que no estoy cumpliendo con ese requisito pone en alerta todo mi miedo a ser insuficiente, poco merecedora de amor o aceptación, descuidada, desordenada, por mencionar algunos ejemplos.

Paso 5. Cuestiona. ¿Es esto real o ficción?

Ya que puedes observar en tu hoja de papel todas estas frases y creencias, no las des por hecho, cuestiona una por una, toma tu pluma de escritor de tu propio libro y decide de una vez por todas si se queda o usas el borrador para escribir nuevas líneas. Cualquier creencia que amenace tu paz merece ser cuestionada.

Hagamos la prueba: "¿Es real que mi peso es cuestión de suerte o genética como boleto de lotería?"; "¿Puedo hacer algo de forma amorosa al respecto?"; "¿Es real que si soy delgada merezco el mundo, y de no ser así es mejor que me corten la cabeza?"; "¿Es cierto que mi aceptación personal depende únicamente de mi apariencia física?"; "¿Creo que mi cuerpo y yo somos dos seres separados?"; "¿Mi cuerpo tiene su cuento y su voluntad propios mientras que mi mente va por otro camino?"; "¿Qué historia me estoy contando al respecto de ir a la playa con mis amigos?".

Paso 6. Censurando al conductor de radio

¿Cómo sería tu experiencia actual si esta conversación no existiese en tu cabeza? Si quitas toda la ficción y te vas a los datos más reales posibles, ¿qué sí está sucediendo?

En mi caso, sentí pánico de pensar que no estaba en el peso que yo considero ideal, así que me dio miedo sentirme vulnerable o expuesta ante las miradas y juicios de personas a las que yo les doy ese poder sobre mí. Además, yo he juzgado a otras personas por su apariencia física, por eso doy como válido que suceda. Ese miedo me conecta con mis inseguridades de infancia de no sentirme aceptada o merecedora; sin embargo, no necesito ser de una talla específica para ser amada, la primera persona que debe aceptarme y amarme soy yo. Si es real que no estoy cuidando mi cuerpo con amor, para que esté saludable, ¿qué decisiones puedo tomar hoy?, ¿cómo debo tratar mi cuerpo, independientemente del juicio?, ¿puedo disfrutar mi viaje sin mancharlo con el filtro de la falta de autoaceptación? ¿Qué sí está pasando?

Paso 7. La Abuela sauce

En ese tiempo, en muchas ocasiones, sentía que no tenía la sabiduría necesaria para contestar las preguntas. ¡Claro!, es difícil si no cambiaba de frecuencia o de estación. Así que aquí está el gran secreto: vamos a sintonizar con una frecuencia más alta. Piensa en cuando te das cuenta de que tu mente divaga con conversaciones poco amables o en frecuencias más bajas; detente un momento e imagina que vas a visitar tu lugar seguro. Visita a un personaje de una estación más elevada, al final todos forman parte de ti, porque tú eres parte del autor, ¿recuerdas?

Cierra tus ojos unos momentos. Haz una serie de respiraciones para que se normalice tu ritmo cardiaco. Ahora te invito a viajar una vez más. Visualiza que vas caminando por el bosque. Hay una brisa fresca que hace volar todos los olores a pino. Siente el viento en tu cara, el silencio a tu alrededor; solo estás tú y árboles gigantes, rodeada de naturaleza. Es en el atardecer. Sigues caminando y llegas al encuentro con la Abuela sauce. Ella está ahí esperándote con una gran sonrisa. Te das cuenta de que su rostro es parecido al tuyo, solo con unos años más, y con una voz dulce y tierna te dice: "Bienvenida, mi niña, te estaba esperando para conversar". Tú te sientas frente a ella mientras acaricias el pasto con los dedos de tu mano. Probablemente desvías la mirada. Ella, con toda la ternura, te pregunta: "¿Cómo estás, mi niña? Parece que no muy bien. Cuéntame qué pasa". "Hola, Abuela sauce, me siento muy triste, molesta conmigo, con todo, sigo atorada en el mismo tema una y otra vez, estoy desesperada, ya no quiero sentirme así". Te das todo el permiso de abrir tu corazón, de mostrar tus emociones, sin miedo a ser juzgada, de desahogar tus pensamientos, y cuando terminas de hablar, escuchas la voz de la abuela: "Mi niña querida, ¿qué harías desde el amor y no desde el miedo?, ¿qué harías desde el agradecimiento?, ¿qué podemos agradecer de tu cuerpo?". Eso te permitirá ir de viaje, sentir el agua del mar, caminar, correr, hacer ejercicio. Es maravillosa la experiencia que te permite tener. Cambiar del miedo al amor, de la queja al agradecimiento, siempre elevará tu frecuencia.

¿Qué te parece si la próxima vez que te veas al espejo, en cuanto escuches a Maléfica hablar, imaginas que cambias de estación a la de la Abuela sauce?, ¿cuál sería la nueva conversación?, ¿qué te recordaría que hicieras frente al espejo? En una frecuencia de amor, eres capaz de perdonar, perdonar tu vulnerabilidad, respetarte por lo que eres, aceptarte como alguien merecedor de alegría, de goce, del amor. Esta frecuencia te enseña una forma cariñosa de ver la vida contigo y con los demás; aquí es posible trascender el tema para seguir adelante. Deja de pelear para que logres aceptar y fluir.

Paso 8. Cambia tu diálogo

La teoría no sirve de nada sin la práctica, es como el ejercicio: el que sepas cómo hacerlo no te fortalece si no sales a entrenar en el día a día. Para mí ha sido funcional dejarme pistas en el camino, como migajas de pan para poder volver a casa. Cuando me doy cuenta de que me estoy hablando feo en mi cabeza o estoy tomando malas decisiones, y si en el tema en el que estoy no he desarrollado por completo el amor propio, entonces puedo ayudarme al proyectar mi historia en alguien más; en ella pienso en mis hijos, que son mi más hermoso espejo de amor incondicional, perfecto y eterno, entonces me pregunto: "Si este error lo hubiera cometido Leo, ¿cómo le hablarías?, ¿como Maléfica o como la Abuela sauce?, ¿qué le serviría más?"; "Si fueras a darle de comer a Luca, ¿lo alimentarías de comida chatarra?". Tal vez sí le daría un dulce, pero no diario, no siempre, no en exceso, porque lo amo, lo cuido. "¿Lo que voy a comer se lo daría a mis hijos?". Si mi respuesta es no, pues ahí la tengo, porque me amo, me cuido. También sé que, al igual que mis hijos, me voy a equivocar, a raspar las rodillas. Pero asimismo sé que siempre estaré ahí para darles la mano, como siempre estaré aquí para darme la mano a mí misma con el mismo amor con el que me aconsejaría la Abuela sauce.

MUJER EMPODERADA

Hoy tuve uno de esos días en los que mi sueño se vio interrumpido a media noche para intentar solucionar un problema de trabajo que dejé pendiente en mi cabeza antes de cerrar los ojos la noche anterior: "¿Cómo lo puedo solucionar?". Entonces el cansancio me rindió y me quedé dormida. Pero a las tres de la mañana, como reloj despertador, abrí los ojos, sobresaltada con la misma pregunta: "¿Cómo lo puedo solucionar?", como si hubiera dejado una película en pausa esperando a ser retomada en cualquier momento que volviera a estar alerta.

Escucho esa voz en mi cabeza que me dice: "Ahorita no lo puedes solucionar, son las tres de la mañana, ya duérmete, mañana será otro día". Pero esas noches pareciera que me digo lo contrario.

Empecé mi mañana con una sensación de pesadez, aunque siendo muy consciente de mi diálogo interior, de la estación que estaba sintonizando. Puedo verlo claramente, saber que no es real, que lo que sí está pasando es que estoy acostada en mi cama, a punto de iniciar el día. Es curioso cómo podemos caer en la trampa del "iluminado espiritual" y, jugando al domador del ego, castigarnos por

Colorín colorado... la princesa ha despertado

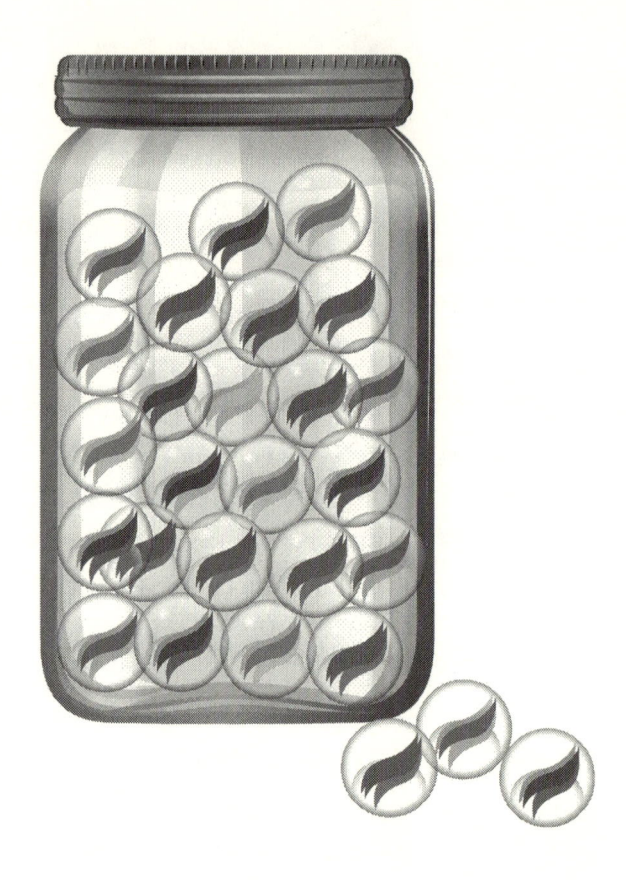

sentirnos no tan bien algunos días, como si el camino del desarrollo personal fuera una armadura impenetrable para el mal humor o los días de desesperanza. ¿Qué acaso alguien que ha decidido empezar a trabajar en su persona no puede despertarse con el pie izquierdo?

Negar la emoción de enojo, miedo o frustración solo la hace más grande. Sobreanalizarla, también. En tanto escribo esto, recordé cuando empecé a estudiar biodescodificación. Me obsesioné con revisar el significado de cada dolencia o síntoma en el cuerpo, como si racionalizando fuera a justificar la emoción: "Por supuesto, me quedé afónica porque hay algo que no pude expresar"; "Sí, me duele el hombro por esto o por el otro". Y así caía nuevamente en la trampa de pasar por la cabeza lo que en realidad es del corazón, lo que es de la intuición, y regresaba a mi gran pregunta de diario: "¿Qué hago con esta información?, ¿de qué me sirve saberla? ¿Consuelo de tontos?". Profundizaré en eso más adelante.

Mientras tanto, si por algo Alicia tomaba el camino tenebroso ese día, en lugar del soleado con pajaritos, en ese camino, ¿ya no era permitido sentir una emoción negativa? Y, de nuevo, las voces del locutor: "A ver, estás sintonizando en una mala frecuencia, muévete, muévete, muévete". Pero ¿cómo es moverse? Algo sí te puedo asegurar, negar la emoción es el peor camino. Dice Carl Jung: "A lo que te resistes, persiste". ¿Por qué insistimos en ponerles etiquetas negativas o positivas si lo único que vienen a traernos es percepción? ¿Por qué insistimos en que no se nos note que estamos tristes o enojados cuando eso también pasará?

Hace muchos años, todavía estaba en la universidad, vi un programa de ficción que me fascinaba, se llama *Lost* —gusto culposo, lo sé, no me juzgues, jajaja—. Y no me preguntes por qué, pero hubo una escena que me quedó tatuada: acababa de estrellarse el avión en el que venían, estaba el protagonista recargado en un árbol en un ataque de pánico y empezó a contar hasta diez: respira uno, dos, tres... diez. Gritó, movió el cuello y siguió. Uno de los personajes le preguntó qué diablos había sido eso, y le contestó: "Le permití al pánico apoderarse de mí por diez segundos. No le voy a dar más". Las emociones son energía y, como tal, nunca se destruyen, solo se transforman. Si te permites no negarlas, sino, al contrario, dejarlas sentir con toda su intensidad, dejar que pasen por ti, por tu cuerpo, por tu mente, agradecer la información que te traen, entonces podrás dejarlas ir.

Antes de seguir con este tema, quiero poner sobre la mesa una nueva expectativa para cumplir, que siento ha sido impuesta a nuestra generación y más a las que vienen. La repetimos sin parar, sin siquiera cuestionarnos qué significa en realidad, seguimos dejando que la sociedad le dé el significado que le plazca dejándonos llevar por algo que ni siquiera nos queda tan claro, pero suena *cool*: "Sé una mujer empoderada". Eso es lo que se espera de nosotras hoy.

Pero ¿qué es ser una persona empoderada? Creo que esta confusión está creando más estreñimiento emocional que nada, porque muchas veces se interpreta como la que nunca se enoja, se siente triste, no se rinde, te dice todas tus verdades a la cara, el piso tiembla cuando baja los pies de la cama, no necesita de nada ni nadie, no duda... Dios mío santo, que me la presenten. Esa que nunca se quita el traje de superheroína, ¿en qué planeta existe?

Entonces empezamos a juzgar como malo todo lo que vaya en contra del empoderamiento de la mujer, porque sería una verdadera traición: "¡Hermana!, ¡hermanas unidas, hasta que nos lleve la fregada por no poder expresar nuestras emociones!".

Para poder definir qué es el empoderamiento, primero pongamos sobre la mesa lo que en definitiva NO es:

1. Pretender siempre estar bien, no reconocer ni honrar nuestras emociones.
2. Estar en la vida del otro. Siempre tienes el consejo perfecto de cómo el otro solucionaría su vida, la de todos, menos la tuya, por lo que pasas más tiempo arreglando el problema ajeno.
3. El estado de víctima, echar todo para afuera. Repartes culpas a quien se deje y a quien le caiga.
4. Te tomas todo personal. "Siento que todo me lo están haciendo a mí"; es decir, "me", "mi", "mío", "contra mí". "Me hizo enojar: el universo está en contra mía"; "Lo dijo para hacerme sentir mal". Como si fuéramos el ombligo del universo o el protagonista de todos los cuentos.
5. Por reconocimiento y aplausos del público, dejas de ser tú. La estrategia del juego es evitar el rechazo

a toda costa, no poner límites: "Eso es lo que se espera de mí, lo que yo quiero puede esperar para otra vida"; "Antes muerta que sencilla"; "La mejor actuación de mi vida".
6. Vivir en el pasado o en el futuro. "Si en esa ocasión hubiera tomado otra decisión otra cosa sería"; "Si logro ganar más dinero otra cosa sería". Por poner algunos ejemplos.

¿Te suena familiar? ¿Sí? Seguro a ti y a muchas personas que conoces. Lo interesante de esto es que lo contrario a empoderar es perder el poder, es decir, fugas de energía.

Imagina que diario te dan un frasco con canicas de energía, que están destinadas a ser usadas para que tú logres tu propósito del día, este es: ¿dónde generas más valor para ti y, por consecuencia, para los que te rodean? Pero tu frasco tiene canicas limitadas, que se alimentan o aumentan su cantidad según los hábitos y rituales que decidas practicar cotidianamente.

Imagínate que destapas el frasco cuando abres el ojo en la mañana, y con cada pensamiento, con cada emoción, con cada fuga, empiezas a repartir canicas. Si al despertar piensas cómo solucionar el problema de tu comadre, de tu vecino; lo que le hubieras dicho a la persona con la que te disgustaste la semana pasada o hace diez años, o cualquiera de las cosas que son fugas de energía que mencioné anteriormente, pues repartes y repartes las canicas por montón. Es por eso que te despiertas y ya estás agotado, en "modo ahorro batería". ¡Pues claro! Te quedan como cinco canicas para hacerte cargo de tu vida. Es difícil, ¿no? Por no decir imposible. He aquí lo que yo he aprendido al respecto.

La gran clave del empoderamiento es la inteligencia emocional, regresar a ti. Dejar de pensar "Es que el otro debería..."; "Necesito que se dé cuenta de x"; "Cuando él haga lo que yo espero, seré feliz". Deja al prójimo en paz, deja de darle tus canicas y voltea el reflector a la protagonista de tu cuento, regresa a ti con una simple pregunta: ¿en qué estoy participando?: "Si no existiera nadie más en este problema y dependiera de mí poner la acción que lo transforme, ¿qué debería hacer yo?". Noticia de última hora, lo único que puedes mover de su lugar es a ti mismo, a nadie más. Es por eso que la manipulación, chantaje, control y demás estrategias para intentar cambiar al otro solo te desgastan, pero la situación no cambia por completo.

Por ejemplo, recuerdo la conversación con una amiga: "Amiga es que estoy harta, de verdad, mi marido me volvió a poner el cuerno, ya le he cachado varias mentiras así, y él siempre lo niega, pero ya me cansé, ya le dije mis condiciones, le di un ultimátum, pero obvio... antes le dejé de hablar toda la semana, que sepa que estoy muy enojada, ya lo amenacé que a mí no me va a ver la cara, que se le acabó su abnegada esposa, bla, bla, bla...". "Oye, ¿y qué te dijo él?". "Que sí, que va a cambiar, que le dé una oportunidad". "¿Y si no cambia, amiga?, ¿ya pensaste qué vas a hacer, tú en tu vida, de ti para ti?".

Invariablemente, cada vez que he escuchado esta conversación, se quedan mudas, jamás piensan que, después de su acto de "falso empoderamiento", el resultado no sea el que ellas esperan. "¿Cómo?, ¿crees que no cambie?". "No sé, amiga, pero si cambia no va a ser por tu amenaza, no por lo menos de forma permanente. ¿Qué te parece si dejamos a tu esposo amado de lado y volteamos hacia a ti? ¿En qué crees que participas tú para que esta situación te esté sucediendo?, ¿es un tema a trabajar? Si no existiera nadie más que mueva un dedo por solucionarlo, es decir, si él siguiera haciendo lo mismo, ¿qué sí vas a hacer tú?".

Esto no te lo hacen a ti, aunque creas lo contrario. Él no te engaña, él engaña, él se engaña, a ti o a la que tenga enfrente. Aquí las preguntas serían: ¿qué te hace seguir en esta situación?, ¿puedes vivir con esto?, ¿puedes aceptar que él te engaña y seguir con él, así como es él?, ¿esto es lo que quieres experimentar una y otra vez?, ¿qué significa para ti hacer un cambio?: ¿trabajar más para mantener a tus hijos?, ¿no ser alguien que se divorció y falló a la expectativa de alguien afuera? Entonces, no te engañes tú, y decide, pero sé congruente. Puedes decidir: "Me quedo con él porque me es más valioso ahorita que mantenga mi situación económica". Lo que decidas está bien, eres la autora de tu cuento, solo ve el cuadro completo. Cada causa, con su efecto. Y responsabilízate tú de la decisión y consecuencias completas, no culpes hacia afuera.

Una verdadera persona empoderada es la que logra entender que ¡todo empieza y termina en ella!

PRIMER INTENTO

Mientras Alicia seguía caminando en su búsqueda por salir de la madriguera del Conejo, en el camino a casa, se dio cuenta de que la información que necesitaba siempre había estado ahí, que había sido explicada a través de las voces de diferentes personajes y maestros. Así pues, en esta era, ¿qué debemos hacer con tanta información? Queremos hacer todo y ser todo, porque ¿a quién no le emociona la idea de un mejor mañana, de una "mejor versión de sí"?

Recuerdo en algún momento estar tan abrumada con tanta información que había recibido en cursos, libros, pódcast, consejos y demás, que, un día en la mañana, ya no sabía qué hacer primero. si debía tomar agua caliente con limón en ayunas para alcalinizar mi cuerpo, si lo mejor era leche dorada, un vaso de agua; empezar por meditar o hacer ejercicio intenso. O sea, ¿hago afirmaciones, repito frases de agradecimiento, leo o duermo más horas?

También terminé como con cinco libros a medias, porque quería saber de todos los temas, pero no finalizaba ninguno. Además estaba inscrita a cursos de todo, pero lo único que terminé haciendo fue volverme a sentir saturada

Colorín colorado... la princesa ha despertado

de actividades y corta de tiempo. En definitiva, llenarme de información sin aplicarla correctamente tampoco fue el camino para salir del hoyo.

Hoy sé que cada método tiene su forma, y si no cuestionamos nada, lo único que terminamos haciendo es estar sobresaturados de rituales sin sentido, algo como: "¿Saludo al sol con una postura de yoga, salgo a correr o le hago caso a... quién? ¡Ayuda!".

Así que quiero compartir contigo de qué forma empecé a hacerlo parte de mi día, de tal manera que pude avanzar en la vida real; de este modo fue que salí de la madriguera del Conejo para vivir en el país de "mis maravillas".

Un día, sin ninguna expectativa de nada, escuché una frase en una conferencia, que retumbó en mi corazón, sus simples palabras tuvieron todo el sentido para mí: "Be your favourite kind of woman". ¡Eso es!: convertirme en mi tipo favorito de mujer, no en cualquiera, no en todos los tipos, sino en mi favorito. ¿Cómo es ella? A la única a la que le correspondía contestar esa pregunta era a mí misma: otra vez, tomarme un café conmigo.

Lo primero, en definitiva, fue definir quién quería ser, cuestionar mi identidad y en quién me quería convertir; elegir cuáles serían los valores más importantes que quería vivir en mi vida; qué tipo de vida sí quería vivir. Para eso, elegí cinco principios. Me propuse que de nada me servía hacer una lista gigantesca de propósitos de año nuevo si nunca trabajaba en serio en lograrlos. No debía ser perfecta para la expectativa de nadie, para ellos siempre seré imperfecta, solo debía ser perfecta para mí, esto es, "perfectamente imperfecta", así que escogí estos cinco principios perfectos para Alma. Creo que era mejor empezar por pocos para de verdad cuestionarme qué tanto los quería.

Estos son los cinco principales puntos con los que estoy comprometida conmigo misma cada día:

1. Amor propio. Convertirme en la persona que más ama y cuida de Alma. "Porque me amo, me cuido". Lograr sentirme orgullosa en mi propia piel.
2. Ser agradecida. Aprender a vivir la vida y disfrutarla como es, sin expectativas, pasado o futuro; es decir, gozar con la inocencia de una niña para la que no existe más tiempo que el hoy.
3. Usar mis dones, talentos y magia para servir a los demás, entendiendo que soy parte de todo, ellos son parte de mi historia de hadas y yo también participo de la suya, así que decido participar generando valor y no miedo.
4. Disfrutar y amar incondicionalmente a todas las personas con las que decido compartir mi vida. El amor siempre es la respuesta.
5. Aceptar toda la abundancia que existe para mí, en todos los aspectos de mi vida: económico, relaciones, recursos, tiempo. ¡Soy una consentida de Dios!

Dicen que si no aprendes a priorizar, pensando que todo es importante, tu energía estará dispersa en tantas cosas que, en realidad, harás lo contrario: nada será importante. No tienes tantas canicas en tu frasco, ¿recuerdas? Si hoy fuera el último día de tu vida, ¿seguiría siendo igual de importante ese tema?

Partiendo desde aquí, puedes, primero, decidir hacer una limpieza de tu situación actual, pasándola por estos cinco filtros, dejando ir todo lo que reste a alguno de estos propósitos. Suena súper lindo, lo sé, digno de meme motivacional, pero ¿cómo lo hice? La verdad, de la forma más ñoña que se me ocurrió. En alguna ocasión fui con una nutrióloga que me pidió hacer un diario de alimentación; debía escribir en una libreta cada cosa que comiera en el día, por más insignificante que pareciera. Obviamente, cuando me solicitó la doctora hacer eso, aunque por fuera sostenía la sonrisa diciéndole: "Claro que sí, doctora, cuente con eso", por dentro solo pensaba: "Qué flojera, de verdad. ¿tengo que hacer un inventario?, pues ni que no supiera qué comí. Pero como dice mi gran ídolo cómico Franco: 'Hay que hacerlo por la anécdota', para que nadie te cuente y lo experimentes en carne propia". En esa ocasión, me di cuenta de que había muchas cosas que ignoraba que hacía, que son las que marcan la diferencia, como ir probando cachitos de comida mientras cocinaba, o terminar algo del plato de uno de mis hijos, porque ¿cómo iba a desperdiciar la comida con tantos niños sin comer en África...?

Entonces lo que se me ocurrió hacer, por una semana, fue un diario de las actividades que hacía en el día a día, de forma muy detallada: a qué hora me despertaba, ¿qué me decía?, ¿qué hacía?, ¿con quién hablaba durante el día?,

¿cuántas horas veía el cel. o la televisión?, ¿qué programas elegía? Sin ningún juicio, solo lo escribía. También iba escribiendo mis estados de ánimo en las actividades o en la interacción con algunas personas.

Empecé a registrar cuántas veces realmente hacía ejercicio vs. las que yo creía que hacía; me percaté de muchas cosas: aunque en mi cabeza pensaba que cuidaba mi alimentación de forma rigurosa, la verdad es que la cuidaba de lunes a jueves en la noche, a partir de ahí, pues..., unos buenos taquitos o ya era fin de semana. Es decir, me cuidaba mitad de semana y descuidaba la otra mitad. Este tipo de información me trajo mucha paz, ya que pude comprender que no era que estuviera estancada o que el universo no me quisiera, o que hubiera un complot en mi contra, era simplemente causa y efecto. Siendo más consciente de mi situación real, empecé a hacerme responsable de lo que en realidad sí estaba haciendo, con datos duros, no con expectativas ficticias.

En la lista de actividades, rutinas y rituales de mi día común y corriente, pude poner una palomita a las cosas que me sumaban en mis cinco propósitos, una equis en las que me restaban y un signo de igual en las que eran neutras (ni para Dios ni para el diablo).

Ejemplo
Levantarme temprano, empezando por meditar por lo menos quince minutos cada mañana, sumaba a mi propósito de estar presente, de amarme al ser agradecida con lo que sí estaba pasando, de hacerme

consciente de mis emociones y elevar la frecuencia con la que se conecta mi Radio Mente; eso, a cambio de dormir quince minutos menos. Entonces, palomita, este hábito se queda.

El uso de tiempo en las redes, muchas veces me dejaba un sentimiento de insuficiencia, de que la vida de otros estaba siempre mejor que la mía. Me conectaba muchas veces con Radio Maléfica al compararme y yo misma decirme que me hacían falta cosas, dinero, viajes, risas o lo que fuera que me inventara en mi cabeza.

¿Era esto responsabilidad del creador de Facebook o Instagram? La realidad era que no. Ahí valió la pena cuestionarme: ¿cuál va a ser mi propósito de entrar a las redes sociales? Limpié por completo a las personas que seguía y que fueran personas que me sumaran en mis cinco puntos: pueden estar en la red, pero no tengo por qué seguirlas si no contribuyen a "mi tipo de mujer favorita" que quiero construir. También puse la función de mi celular que permite solo un tiempo limitado al día de su uso. Hay que aprovechar la tecnología a tu favor también, y si eres picado como yo, pues que el aparato te avise: "Es suficiente de esto por hoy". De hecho, igualmente uso la función de "No molestar", a partir de cierta hora del día, para desconectarme del celular por completo, más durante esta pandemia de la covid.

Así fui revisando lo que había anotado en mi libreta y marcando con esas señales: suma, resta o neutral, para poder diseñar mi nueva estrategia de ejecución en la misión "Llevemos a Alma de regreso a casa".

Lo siguiente fue limpiar. En ese tiempo leí el libro *La magia del orden*, donde Mary Kondo explica su método para hacer limpieza del hogar y poner todo en orden, y así lo hice. Pero no podía avanzar sin limpiar primero la situación en la que me encontraba. Es que "como es afuera es adentro", así que si quieres empezar a ver cambios, esta es una clave: ¡a limpiar!

Empecé por lo más fácil, que era la limpieza de cosas materiales. La verdad, cada que me siento estancada o pesada por algo, siempre empiezo ordenando algo, mi clóset, mi cajón, cosas que me quitan energía en el día a día; por ejemplo, ese estante de la cocina que siempre está patas para arriba o esa mancha de la pared de la escalera; el cajón del maquillaje, las fotos del celular, puede ser cualquier cosa que te robe un microsegundo cada día, porque, cada que pasas, "Chin, la mancha, al rato la limpio"; vuelves a pasar y es inevitable para ti que la notes, y dices: "Mañana la limpio". Pues empieza por ahí, eso moverá tu energía como magia. Después de limpiar las cosas materiales, sigue por hacer lo mismo con tus relaciones más cercanas y, por último, con tus creencias o tu *mindset*.

Los pasos que seguí son:

1. **Comprométete a ordenar.** Debes tener muy claro en tu cabeza que es hora de dejar ir cosas. Esa blusa que tienes más de dos años sin usar, pero tal vez se ponga de moda, o esa jarra de vidrio que se cuarteó, pero pues todavía está buena; esa toalla

que se manchó de cloro, que algún día piensas convertir en trapo... Piensa en cuántas cosas están estancadas en tu casa por miedo a que no haya más adelante recursos para sustituirlas. Es por miedo que las cosas se estancan, no por amor; por amor sabes que estás conectada con toda la abundancia y que si tú generas valor nada va a faltarte.

Así que comprométete a dejar ir las cosas. Las cosas estancadas para ti pueden ser de gran utilidad para tu prójimo, déjalas ir. Recuerdo que, cuando empecé por mi clóset, por lo menos saqué ocho bolsas grandes negras de basura, fue un proceso difícil en mi estómago, pero me repetía: "Todo está bien, estas cosas ya cumplieron su propósito conmigo. Gracias, estoy lista para dejarlas ir, para que sean disfrutadas por alguien más". Solo así puedes abrir el espacio para tu siguiente capítulo.

2. **Imagina tu estilo de vida ideal**. Repasa los cinco principios que elegiste: ¿cómo sería una mujer así?, ¿cómo sería su habitación?, ¿cómo sería su oficina?, ¿cómo serían sus finanzas?, ¿cómo sería su actitud hacia ella y los demás?

Haz una descripción detallada de esa situación ideal. Si no lo creas primero en tu cabeza, nunca sabrás a dónde vas, irás como Doris, de *Buscando a Nemo*, nadando dos metros hacia delante, dos metros hacia la izquierda y luego llegando al mismo lugar. Permítete tener clara esa imagen a la que quieres llegar. Ejemplo: si para mí una de mis prioridades es disfrutar el presente, pues puedo imaginarme con una increíble paz en cada actividad de mi vida, apreciando la imagen de mí jugando con mis hijos o platicando con mi marido, o en una sesión de *coaching* con alguien de mi trabajo. Imagina tener esa paz para disfrutar una puesta de sol en la playa sin necesidad de tomar una foto con tu celular. Crea esa imagen en tu cabeza lo suficientemente clara para que tu cerebro empiece a trabajar en diseñar un plan para llevarte ahí.

3. **Relaciones cercanas**. Ahora sí, revisemos lo que no es material. Piensa en tus relaciones personales. Dicen que somos la combinación de tus cinco personas más cercanas, así que ármate de valor y de amor a ti mismo.

El siguiente paso es descartar: apreciar lo que provoca alegría y desechar lo que ya no da felicidad: ¿es necesario?, ¿lo quiero en mi vida?, ¿me hace feliz?, ¿aprendo de esa persona?, ¿me gusta en lo que me convierto al convivir con él o ella?, ¿qué estación de mi Radio Mente sintonizo al estar con esa persona?

¡Ya sé!, se siente terrible siquiera cuestionarlo, pero era necesario. Recuerda que parte de mis propósitos era convertirme en la persona que más me amara a mí misma, por ende, si yo no cuidaba de Alma, ¿quién lo haría? Eso incluye amigos, compañeros de trabajo, enemigos y, a veces, hasta miembros de la familia.

En esa etapa le decía a mi marido: "Me voy a quedar sola, me costó muchísimo trabajo dejar de frecuentar a ciertas personas con las que ya no coincidía en su forma de pensar, que cada vez que me reunía con ellas sentía como si me hubieran drenado toda la batería; regresaba pensando que todo estaba mal, que el apocalipsis zombi estaba cerca. O abandonar relaciones en las que parecía que yo era la única interesada en seguir con esa amistad: era la única que buscaba frecuentarnos, organizar una llamada o una reunión. No era para nada sano ni recíproco.

No me malentiendas, el dejarlas ir es eso, dejarlas seguir su camino con toda gratitud; estuvieron en tu vida para enseñarte algo, para mostrarte algún espejo que era necesario reflejar en tu cuento, el que ya no coincidas con ellas no significa que debas terminar peleado o sintiendo superioridad porque tú ya entendiste la Matrix, y ellos no. Al contrario, dales gracias por haber participado en tu cuento, su personaje fue clave para ti, y por eso las amas, las respetas las recordarás con mucho cariño, y cuando la vida te dé la oportunidad de reencontrarse, nada te dará más alegría que recibirlas con un abrazo, porque fueron parte de ti, de tu historia. Solo puedes decirles "Gracias", ahora eres libre de seguir tu camino al encuentro de los siguientes personajes que tu cuento necesite.

4. **Diseñar tu nueva rutina de un día a la vez.** Después de limpiar te sentirás mucho más ligero, porque habrás reparado esas pequeñas microfugas de energía, que se presentan cada día. Serás congruente con lo que querías convertirte. Eres el resultado de lo que practicas a diario.

    Así que ahora diseña tu día: ¿a qué hora vas a despertar?, ¿cuál será tu primera actividad?, ¿hacer ejercicio empata con tus propósitos?, ¿qué tipo de ejercicio te hace feliz? Solo tienes que elegir uno y practicarlo. Es igual de efectivo para quien hace yoga hasta que se hace experto, que para quien hace CrossFit, así que no te agobies, solo elige el que más feliz te haga, el que vaya más contigo y con la imagen de la persona que dijiste que era tu favorita. ¿Qué cursos sí necesitas y quieres tomar? No es necesario saber de todo, solo lo que te suma a tu propósito. ¿Qué tipo de alimentación vas a seguir?, ¿qué actividades o trabajo vas a realizar para obtener abundancia económica y compartir tu talento con los demás?, ¿cuáles son tus días de descanso?, ¿y qué te hace feliz hacer esos días? ¿Cuáles son las personas que en definitiva quieres frecuentar en tu día a día? ¿Qué libros vas a leer?, ¿de qué temas?, ¿de qué autores?

Hazlo en borrador, es muy importante que seas amorosa y compasiva contigo en el proceso de ejecución. Vas a fallar muchas veces, pero intentarlo siempre será mejor que paralizarte por el miedo a no lograrlo. Así que di "Estoy aprendiendo, lo estoy intentando, no me voy a rendir, porque reconozco mi progreso. Estoy aprendiendo a aceptarme, estoy construyendo la mejor versión de mí, pero es para mí, no para nadie más".

Colorín colorado... la princesa ha despertado

EL LENGUAJE DEL AMOR

Lo intenté, lo intenté una y otra vez. Por supuesto que cada vez aprendía más cosas sobre mí. Descubrí aspectos de los que jamás me había percatado antes. Fallé y fallé en mi búsqueda de una respuesta que me dejara tranquila. Pero... ¿saben algo? Aunque fallé y caí de rodillas temblando, lloré hasta quedarme sin aliento, algunos días me rendí, maldije, odié a todos mis espejos, y otros días aprendí a ponerme de pie, cada vez más humana, más flexible, como si con cada intento se cayera un pedacito de mi armadura oxidada, esa que construí en años anteriores por temor a ser herida, logré soltarla para conseguir amarme como recompensa de este proceso.

Sí fallé, sin embargo, no fracasé, ya que hoy tengo el suficiente amor y gratitud por mí para recorrer ese camino en mi memoria y entender que todo suceso fue necesario para estar donde estoy.

¿Funciona seguir los pasos que he mencionado? En definitiva, sí. Te ponen en marcha esos cambios de hábitos, de rituales, de forma de ver la vida. Para mí, fueron los primeros pasos con los que empecé a caminar, sentaron las bases de la persona que soy. Fue como preparar la tierra antes de sembrar las nuevas semillas: había que limpiarla, cuidarla, volver a hacerla fértil. Y todos esos pasos fueron necesarios para tener más clara la vida que hoy disfruto vivir.

Me encantaría decirte que mi camino llevó dos minutos o lo que dura la canción principal de la princesa protagonista en la película; que un día, simplemente, al despertar, había ocurrido el milagro. Pero, la verdad, llevó un poco más de tiempo que eso, sobre todo, mucha práctica y paciencia conmigo misma.

Dicen que "Roma no se construyó en un día", y, en definitiva, para esta Alicia, salir de la madriguera tampoco ocurrió en ese tiempo. Me han preguntado muchas personas a mi alrededor qué fue lo que hice para dar el cambio a mi vida, para viajar más ligera, siendo mucho más amorosa y compasiva.

Pasó que dejé de pensar y me permití sentir, algo como dejar de hacer para en realidad ser. Escribiendo este libro puedo abrazar a esa protagonista que tuvo que pasar por esas experiencias de la vida para aprender a amar lo simple de la vida.

La experiencia que más me marcó en definitiva fue convertirme en mamá de Leo, por la incertidumbre que fue para mí entender que la vida viene sin manuales, sin pasos, sin un instructivo claro que seguir.

Durante los primeros años de mi hijo, me daba cuenta de que "no encajaba" con lo esperado en niños de su edad, y eso me hacía sentir tan vulnerable. Me recriminé muchas veces que tal vez no estaba haciéndolo bien con él, y, con mi hijo en mi brazos, decidí salir a buscar respuestas.

No podía entender por qué lo que parecía más simple para todos alrededor, para nosotros fuera tan complejo, como que me diera un beso, cosa que ocurrió hasta después de sus dos primeros años de vida. Para mí fue más emocionante que los primeros pasos del hombre en la luna que me volteara a ver a los ojos. Cuando yo estaba acostumbrada a ser "el ombligo de mi universo", pensaba que no me veía, porque seguía molesto conmigo.

En contraparte, me sorprendía ver a un niño de dos años empezar a leer casi de forma autodidacta; resolver rompecabezas complejos a los tres años; saber las capitales de los ciento noventa y cuatro países del mundo, o hacerme preguntas al respecto de la disolución de la Unión Soviética a sus cuatro años; cosas que, en definitiva, eran de quedarte con la boca abierta. Pero para mí, en realidad, el mayor logro, digno de un premio Nobel, fue recibir ese beso, verlo correr, después de muchos años, para recibirme con un abrazo lleno de amor al salir de la escuela. ¿Ahora entiendes a qué me refiero con aprender a apreciar las cosas simples de la vida?

Todo lo que se "supone debía ser normal" o dentro de la norma establecida, Leonardo vino a enseñarme que eran puras patrañas, era más fantasioso que mis cuentos de hadas en la cabeza.

Fui a todo lo que se me cruzó por enfrente para poder entender qué estaba sucediendo, desde mi religión, budismo, biodescodificación, cursos, terapias, imanes, eneagramas, cartas astrales, homeopatía, alopatía, meditaciones, afirmaciones, atrapasueños, rituales, libros de todo, conferencias del tema; fui de un especialista a otro, golpeé almohadas para liberar el enojo, lo llevé a karate, gimnasia, pintura, a tocar la tierra, el agua, ensuciarse a fuerza con lodo, cantar, bailar y hacer manualidades.

Viví con un constante dolor de estómago, cada segundo, cada día, y, sobre todo, con una enorme culpa por haberlo entregado aquel día en el quirófano. Porque estaba tan asustada de aceptar que la vida simplemente es, estaba tan ciega de ver lo hermoso de lo que en realidad es, que necesitaba sentirme segura, en la tierra que para mí era familiar.

Todos esos primeros seis años de su vida, creí que buscaba respuestas para él sin saber que en realidad esas respuestas eran para mí. Leo fue diagnosticado hace un año con algo que se llama trastorno espectro autista. ¡Bravo! Ya tenía la respuesta que aparentemente tanto busqué, la explicación racional perfecta, pero, gracias a Dios, esta respuesta llegó a mí cuando ya había dejado de ser importante etiquetar a mi hijo, a mí o a la vida en un concepto racional. Para cuando recibí la noticia, había conectado con tanto amor por mí y por mi hijo que mi único pensamiento fue: "Eso no lo define"; "Mi hijo no es una etiqueta".

Siempre pensé que mi Leo había caído en la madriguera del conejo después de la operación. Creía que debía salvarlo, ayudarlo a salir de ahí, a como diera lugar, del trauma, de la ausencia, de la aparente locura de un mundo sin límites o fuera de los estándares, sin saber que él me había ayudado a entrar a este maravilloso mundo donde las estructuras, los datos y lo convencional se borran para abrir la puerta, de par en par, al corazón, a sentir con todo el cuerpo, a la gratitud, la magia y la fantasía de verme como un ser único y especial, para así poder disfrutar de los que me acompañan en esta absurda y encantadora aventura.

En este camino por el país de las maravillas, a través de los ojos de Leo, tuve que aprender de lo inútil que muchas veces era ser alguien inteligente cuando no sabemos usar el corazón. Al caminar de su mano, pude volver a aprender a abrazar y abrazarme, a ser más compasiva conmigo al aprender cosas nuevas, a saber identificar mis emociones. Parecía, en ese entonces, y hoy lo sé, ¡que sí!, que esa lección en realidad era para mí.

Recuerdo en una terapia tener que explicarle a mi hijo, por medio de unas tarjetas enmicadas de "los monstruos de los sentimientos", lo que significaba estar feliz, triste, enojado, asombrado y reconocer mi propio estreñimiento emocional de no saberlo definir, de volver a construir para mí significados sobre estar enojada, si era válido o no; qué hacer con ese enojo, porque, gracias a él, necesitaba volver a acomodar todo. Poco a poco esa princesa en escala de grises fue llenándose de color y magia otra vez.

La parte intelectual era muy simple de enseñar, o para mí por lo menos era de gran facilidad, ayudarlo con dibujar las banderas de cada país con todo y sus escudos, armar mapamundis, pasar un año o más escuchando los himnos de diferentes naciones en lugar de canciones infantiles en el radio de la camioneta o construir maquetas a escala de los aparatos del cuerpo humano: digestivo, respiratorio, e inclusive armar un cerebro a escala. Creo que volví a cursar la primaria de forma intensiva.

Sin embargo, lo más complejo para mí fue enseñar a abrazar de verdad. Recuerdo tomar sus dos brazos y explicarle con el ejemplo, describir la sensación de calidez, el latido del corazón, el simple hecho de dejar correr el tiempo para podernos fundir en un abrazo. Creo que me convertí en una abrazadora adicta. Ahora voy por la vida abrazando a quien se deje.

Le enseñamos a expresarse, a ser empático con los demás, a aprender a identificar cuáles son sus sentimientos, para ser capaz de expresarlos al mundo. Qué ironía. Cuántas veces pedí al Cielo que no me dolieran las cosas, que no se me notara si estaba asustada, enojada o nerviosa, y ahora tener que regresar a experimentar y vivir cada emoción como el milagro de expresión que son en la vida del ser humano.

Aprendí a dejar de juzgar a las personas, porque envuelta en mi propia lucha, armada de valor enfrenando a mi gran dragón, abriéndome paso en mi propio camino del héroe, aprendí a sentir amor, compasión y empatía por los demás, a dejar el juicio de lado sabiendo que estaban viviendo su propio camino, su propia aventura y matando a sus propios dragones. ¿Quién era yo para juzgarlos? Aprendí a verme reflejada en los ojos de los que estaban librando su mayor hazaña, y decir con el corazón: "Estoy contigo, hermana".

Agradezco con todo mi ser a tantas personas que tuvieron la paciencia de enseñarme el camino. Recibí amor de formas ilimitadas. A Paty Barba, que fue clave en los primeros cinco años de la vida de Leo, quien tuvo el amor suficiente para enseñarme a hablar con él y conmigo. Me enseñó a no ser tan dura conmigo misma, a dejar de lado mi cuaderno con tablas de estadísticas sobre la hora, las onzas y las veces que había ido al baño mi hijo, para aprender a sentarme sin hacer otra cosa que verlo a los ojos y contemplar el momento. Suena fácil, pero a mí me costaba la vida sentirme "poco productiva". Ella me ayudó a entender que estaba haciendo lo mejor que podía.

Aprendí la importancia de no sobreprotegerlo para permitir que él viviera sus propias batallas. Y de igual manera hice lo mismo con todas las personas a mi alrededor, a las que antes me encantaba intentar solucionarles la vida, logrando solo invalidarlas o hacerlas dependientes de mí.

Ahora sabía que solo tocaba acompañar a mi hijo, contenerlo, darle amor. Paty me enseñó a construir una red de ayuda, que el ser humano no es una isla, a quitarme el orgullo de creer que tenía todas las respuestas, para aprender a pedir ayuda. Muchas personas podían juzgarla de dura, pero para mí ella fue una de mis hadas madrinas: siempre estuvo ahí no para sobreprotegerme, sino para guiarme hasta acompañar a mi hijo para poder ser admitido en su colegio actual.

Gracias a eso, hoy estoy para quien necesite que lo acompañe, no para hacer su trabajo, mucho menos para matar al dragón de su cuento, pero sí para tener esa mirada compasiva y llena de amor con alguien que lo está intentando. Estoy para decirle: "Cuenta conmigo, para escucharte, para abrazarte, para ayudarte a ponerte de pie si lo necesitas, y, sobre todo, para recordarte toda la magia que está dentro de ti".

Hoy sé que soy parte de la red de ayuda de muchas personas y que todos somos parte de todos, somos personajes de diferentes cuentos que se entrelazan entre sí para una gran sinfonía de amor. Dejé de competir con los demás para aprender a colaborar.

Uno de los momentos más incómodos para mí fue cuando teníamos que convivir con más niños, en particular, desconocidos, por ejemplo, en los juegos de algún restaurante, en una fiesta infantil o cualquier escenario donde, en mi proceso de sanación, yo ponía por encima lo que los demás pudieran pensar de mi hijo (o sea, de mí). Ante cualquier señal que yo interpretara como rechazo, burla, abuso o lo que fuera, yo saltaba de la silla más empoderada que Maléfica, para intentar cubrir con mis grandes alas de cuervo a mi bebé, para que nadie pudiera dañarlo, "según yo". La verdad, la pasaba fatal, me sentía tan inquieta, tan vulnerable, tan dolida; sin embargo, Leo me enseñó que nada real puede ser amenazado. A él le importaba "Una pura y dos con sal".

Ya no sé si ha sido por su "condición" o por su "enorme sabiduría interna" (me inclino más por la segunda) que me ha enseñado, una y otra vez, que lo único que importa es ser él mismo: jamás se siente amenazado por la opinión de otros, ni siquiera usa su tiempo o energía en eso, no se da cuenta; creo que es una bendición el no entender el sarcasmo o el sentido figurado. Después de saltar mil veces en su "aparente rescate", dejé de juzgar a los otros niños como buenos o malos, entendiendo que son niños; empecé a observarme, siendo cada vez más evidente que a la única que le importaba el juicio externo era a mí.

Una aventura más que recorrer. La gente siempre, siempre tendrá una opinión, pero la única importante es la que tenemos nosotros de nosotros. Leo me enseña cada día sobre congruencia y autenticidad.

Dejé de pelear porque no jugaba con superhéroes o veía las caricaturas de moda, porque durante mucho tiempo me obsesioné en que encajara en el estándar, una, otra vez, para después rendirme, soltar y al final aprender a aceptar lo que a él le gustaba, y que los himnos de los países estaban bien si eso lo hacía feliz.

Es más, recuerdo que tuvimos tres años seguidos haciendo su fiesta infantil de Paw Patrol, por más que quise convencerlo de que ya era hora de cambiar, porque qué pena con los amiguitos que fuera otro año del mismo personaje. Pues él me enseñó una vez más: "Mamá, pero, es mi fiesta, ¿no?, lo importante es lo que a mí me hace feliz". Ya se imaginarán mi cara de "Mmm..., pues sí, hijo, tienes razón, es tu fiesta, no la de los demás". Entonces por eso decía que Paw Patrol sería.

Lo veo disfrutar cada cosa del día como si este fuera único e irrepetible. Hoy sé que así es. Recibe con toda emoción a las personas que ama cuando llegan a casa, seamos nosotros o la tutora que hoy lo acompaña en sus clases en línea por la pandemia, a quien aborda corriendo con una gran sonrisa y emoción, como si hubiera recibido un regalo de Santa Claus, lo que me hace recordar el milagro de cada día: al irnos a dormir mientras trato de enseñarle a dar gracias a Dios por cosas trascendentales en mi cabeza de adulto, como salud, la paz mundial o un techo para vivir, él me sonríe y dice: "Gracias, Papá Dios, porque hoy cené una quesadilla deliciosa, y mi juego de hoy estuvo increíble". ¡Lo simple de la vida!

Dicen que mientras haya niños, hay esperanza para el mundo, pues convirtámonos en niños de corazón para que reine la magia, tal vez sea por eso que admiro y adoro tanto a Walt Disney, porque nos dio la oportunidad de conectar con ese niño interior, en una caricatura, una visita a un parque o al escuchar una canción.

Pues así fue como desperté cuando me cansé de pelear, de ir en contra de lo que sentía para ponerle un significado racional. Dejé de pensar en todo para empezar a sentir. Ocurrió cuando me rendí a querer controlar las futuras páginas de mi cuento de hadas, o regresar una y otra vez a intentar borrar las líneas de capítulos pasados esperando que eso cambiara mi historia.

Cuando dejé de clasificar a cada personaje con el que me cruzaba, como héroe o como villano, como amigo o enemigo, entendí que éramos parte del mismo cuento. También cuando después de luchar tanto, me rendí, lloré, solté y ahí rendida me di cuenta de que nunca estuve sola, que el autor de mi cuento siempre cuidó de mí, me presentó a los personajes que necesitaba para despertar, me llevó a matar los dragones que me harían más fuerte; me enseñó a cantar las melodías que alegrarían mi corazón.

Una vez despierta me entendí que no había un examen final que aprobar, sino la oportunidad cada día de permanecer así, para poder disfrutar los colores de la vida, para entonces olvidar el formato blanco y negro y, con los ojos abiertos, despertar de ese sueño profundo y salir de la madriguera del conejo. Esta es una práctica diaria y si caigo sé que siempre puedo regresar a casa.

Con esos ojos de niña soy capaz hoy de honrar y abrazar a mis padres, agradeciendo con todo el corazón el mundo de magia que crearon para mí en la infancia, ese reino lleno de hadas que me salvó en mi encuentro con el mundo adulto; porque siempre estuvieron para mí, para abrazarme, para llenarme de valentía, para tener siempre un lugar seguro a donde regresar cuando necesito cargar la batería, donde puedo quitarme mi disfraz de amazona para dejar salir a la niña y recibir un abrazo que me diga, sin palabras, que todo estará bien.

Hoy soy capaz de ver a ese príncipe encantado en el cuerpo de mi esposo, como un ser capaz de subirse al corcel blanco, una y otra vez, para conquistar sus miedos, para cuidar de los suyos, a veces con valentía, a veces con temor, pero siempre con el corazón encendido por las personas que ama. Ya no espero esa imagen idealizada de un ser perfecto, sino que abrazo ese corazón encendido que se abre paso a pesar de sus propios dragones. Ha logrado construir el mejor lugar para acurrucarme, hacerme sentir amada, en casa y segura, sobre todo cuando fui derrotada atrozmente por el dragón de la última batalla.

Dejé de compararme con mi hermana para poder reconocer la belleza de nuestras diferencias. Esa hermosa alma gemela me ha enseñado a divertirme, a relajarme y no tomarme las cosas tan en serio, a decidir con el riesgo que a veces creo que yo, ni en mil vidas ni en mil cuentos, elegiría. Pero ahí radica mi amor incondicional por ella, en que ya no espero que seamos iguales, sino que aplaudo que comparta conmigo cómo decide escribir su cuento, y eso ahora es perfecto para mí.

Veo a esos amigos y maestros que me encontré en el camino, a mis amigas sanadoras, con un tercer ojo despierto para enseñarme a caminar cuando creo que todo se ha oscurecido; aparentemente vestidas de amas de casa, *coaches* o terapeutas, aunque pudiera verlas portar perfectamente sus túnicas chamánicas y plumas de aves por todos lados. Gracias Mireya Falcon, Fabia Montes y Frida Ojeda, por no soltar mi mano en el camino y enseñarme con toda paciencia que siempre soy parte del escritor.

Aunque mis batallas y dragones me tocaba enfrentarlos a mí sola, comprendí que siempre tuve compañía en el camino. Cuando cada uno libraba los suyos, siempre tuvimos un lugar donde compartir nuestras hazañas, para abrazarnos, echarnos porras, mientras salíamos a escribir el siguiente capítulo del cuento de hadas de cada uno; así que gracias a mis dos hermanos por adopción: Rodolfo

Rivera y Juan Pablo Godínez, porque, en sus diferencias y similitudes, aprendí el equilibrio. Escuché repetidamente de ustedes que mi hijo no pudo elegir mejor mamá para esta aventura. Me enseñaron a levantarme de cada caída sabiendo que no estaba sola, con ojos llenos de ternura y fuego para seguir construyendo mi historia un paso a la vez.

Agradezco a mi mentora, Rocío Aceves, por su amorosa guía en la escritura de este libro, y a mis compañeras de aventura literaria, mis amadas Medeas, Leticia Loza y Yanira Verdugo, por estar ahí cada semana con sus corazones abiertos para acompañarme a recordar estos pasos que forman parte de mi historia.

Tendría que escribir una enciclopedia de mil tomos para mencionar a todas las personas que fueron y siguen siendo parte de mi camino. Deseo que todos tengamos la capacidad de reconocer, con tanto amor, que somos bendecidos por venir a este mundo de fantasía tan acompañados. Agradezco infinitamente que me hayan permitido verme en sus reflejos.

A mi amado hijo Luca, que ha venido a traer la luz de risas a nuestro hogar, a recordarle a Leo lo que es ser niño, y a nosotros, a reír por sus ocurrencias, siendo único, siendo auténticamente él, tan ligero, tan lleno de energía, el que no nos ha permitido estar cinco minutos sentados para leer un libro, a quien correteé cada tarde mientras intentaba escribir estas líneas.

Luca me ha enseñado que siempre hay nuevas historias, que se cambia de capítulo cuando estamos listos. Me ha ayudado a sanar ese sentimiento de haber sido una madre insuficiente, a conectarme y confiar más en mi intuición que en el deber ser. Me ha llenado de besos desde sus primeros días, a veces hasta el hartazgo, tanto que mientras le ruego a un hijo que se quede a mi lado, al otro no me lo quito de encima. Gracias por esta gran bendición.

Y por último, agradezco a Leo que me haya elegido como su mamá, que con ese inmenso amor haya aceptado venir a salvarme, que me haya tomado de la mano para acompañarme a rescatar a esa niña que había caído en esa bendita madriguera, esa niña que moría por salir a jugar, descubrir el mundo y volver a reír, porque en la búsqueda de convertirme en su traductora en este mundo, él me ayudó a entender el lenguaje universal, que es el idioma del amor.

Mi más enorme deseo para cada princesa dormida en este mundo es que sea capaz de ver con los ojos del corazón a ese príncipe, envuelto en diferentes empaques, que ha venido a despertarla con el más dulce beso del amor verdadero, el amor por ella misma.

AUTORRETRATO

Imperfectamente perfecta, alma cariñosa y amante de la vida, nacida en el extremo del país, para ser traída de regreso a su origen sinaloense; criada como mujer de carácter con corazón de pollo. Demasiado blanca para ser de playa, y muy alta para vivir en Guadalajara sin ser notada.

Feliz por las cosas simples de la vida, como un buen café negro y más si se disfruta en una terraza con corrientes de aire: siempre me da la sensación de libertad, siempre disfruto una buena plática y más si se puede filosofar sobre el tema sin horarios.

La esperanza de los nerds, amante de los libros y las explicaciones detalladas de las cosas. Desesperada cuando las cosas no salen a la primera. Enérgica y poderosa cuando conecto con mi corazón. Salvaje y más peligrosa que la Reina del sur cuando se enciende mi sombra.

Mi mejor talento: sé escuchar como pocos y abrazo con empatía la historia de los demás. Vivo una tremenda fascinación de ver a los niños en cuerpo de adultos.

Colorín colorado... la princesa ha despertado

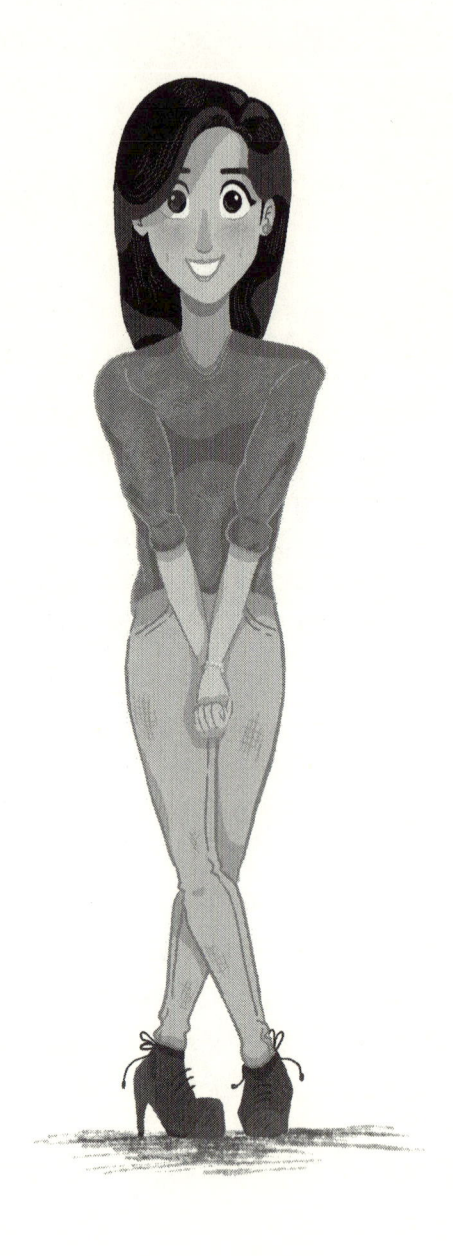

Me manejo con gran facilidad para entender los perfiles, talentos y ENCENDER EL PODER de las personas que conozco. Todos creen que soy psicóloga, pero en realidad soy el resultado de ser hija de una.

Exigente y con un poco de TOC por la perfección hasta el borde de desesperar a mi esposo. Muchos consideran que presiono con palabras norteñas para sacar lo mejor de otra persona, pero siempre termino con un abrazo que compensa el amor-odio que pudieran sentir por mí.

En contraparte, soy una niña de corazón y amante empedernida de Disney y su legado, puedo recitar todos los diálogos que se te ocurran y reírme al hacer las voces para entretenimiento de mis dos preciados tesoros, mis hijos. Ando con un pie en la realidad y cinco en el lugar de los sueños.

Amante del amor, casada con la paciencia y ecuanimidad de un hombre en paz,
sí, muy similar al ejemplo que me dio mi padre: todo pasará, no hay para qué preocuparse.

Reservada para muchos, extremadamente transparente para pocos.

Soy lo que soy y lo que fui llamada a experimentar, mi humanidad.

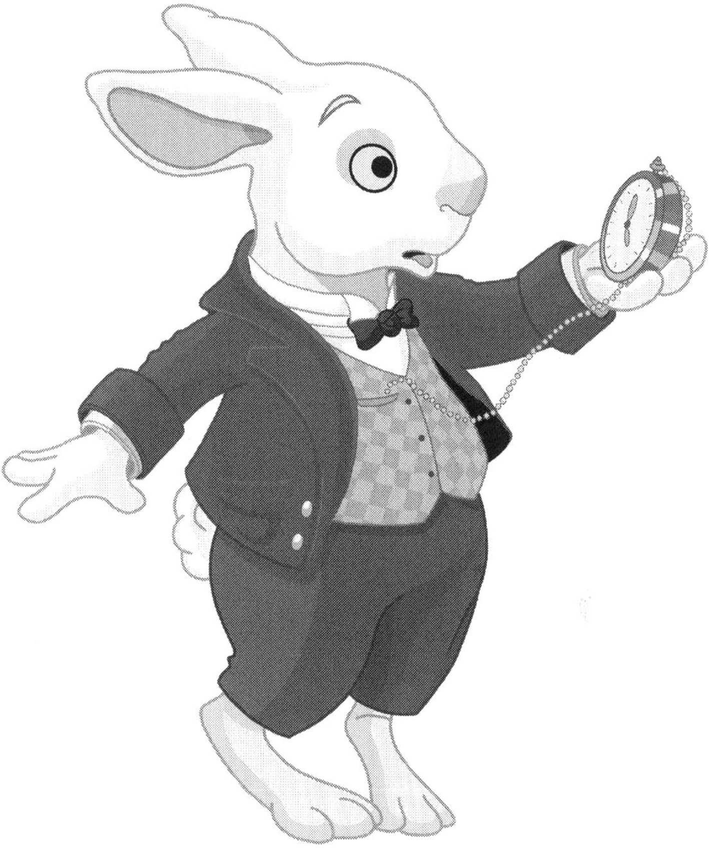

Made in United States
Orlando, FL
24 October 2023